아는만큼 재미있는

New

픽슬러 E

(Pixlr E)

이 책의 구성

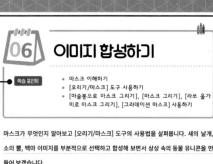

학습 포인트

이번에 학습할 핵심 요소를 살펴봅니다.

학습 목표

무엇을 학습할지 알고 시작합니다.

미리보기

학습 결과물을 미리 살펴봅니다.

학습 다지기

실습 전에 학습할 내용을 간단히 살펴 봅니다.

실력 다듬기

활용 예제를 통해 따라하기 방식으로
학습 내용을 익힙니다.

실력 다지기

응용 예제를 통해 학습 내용을 정리하고
복습합니다.

해당 교재는 픽슬러 E 무료 버전을 기존으로 하며,
픽슬러 E는 데스크톱 컴퓨터용으로 윈도우나 MAC
운영체제에서 사용할 수 있습니다. 픽슬러의 잦은
업데이트로 학습하는 시점에 따라 일부 기능이나
화면이 교재와 다를 수 있습니다.

01 픽슬러 E 시작하기 　열기 & 저장　 **8**

- **01** 학습 다지기 : 픽슬러 E, 첫 만남 ⋯⋯⋯⋯ 9
- **02** 실력 다듬기 : 고양이 사진 만들기 ⋯⋯⋯⋯ 10
- **03** 실력 다지기 ⋯⋯⋯⋯ 22

02 포스터 만들기 　순서 & 선택 도구　 **24**

- **01** 학습 다지기 : [순서] 도구와 [선택] 도구 사용하기 ⋯⋯⋯⋯ 25
- **02** 실력 다듬기 : 커피 포스터 만들기 ⋯⋯⋯⋯ 27
- **03** 실력 다지기 ⋯⋯⋯⋯ 39

03 얼굴 사진 보정하기 　보정 & 리터칭　 **41**

- **01** 학습 다지기 : 보정 도구 사용하기 ⋯⋯⋯⋯ 42
- **02** 실력 다듬기 : 신비한 요정 얼굴 만들기 ⋯⋯⋯⋯ 44
- **03** 실력 다지기 ⋯⋯⋯⋯ 61

04 이미지 채색하기 　그리기 & 채색　 **63**

- **01** 학습 다지기 : 그리기 도구 사용하기 ⋯⋯⋯⋯ 64
- **02** 실력 다듬기 : 레몬나무 채색하기 ⋯⋯⋯⋯ 67
- **03** 실력 다지기 ⋯⋯⋯⋯ 85

05 카드뉴스 만들기 　도형 & 텍스트　 **87**

- **01** 학습 다지기 : [도형] 도구와 [텍스트] 도구 사용하기 ⋯⋯⋯⋯ 88
- **02** 실력 다듬기 : 카드뉴스 만들기 ⋯⋯⋯⋯ 90
- **03** 실력 다지기 ⋯⋯⋯⋯ 105

06 이미지 합성하기 　　　　　마스크 활용 　　107

- 01 학습 다지기 : [자르기] 도구와 [오리기/마스크] 도구 사용하기 　108
- 02 실력 다듬기 : 날개 달린 유니콘 만들기 　110
- 03 실력 다지기 　123

07 사진 이미지에 효과주기 　　　조정 메뉴 활용 　　125

- 01 학습 다지기 : [조정] 메뉴 사용하기 　126
- 02 실력 다듬기 : 음식 사진 보정하기 　128
- 03 실력 다듬기 : 수채화 이미지 만들기 　133
- 04 실력 다지기 　143

08 SNS 광고 만들기 　　　　　필터 활용 　　145

- 01 학습 다지기 : [필터] 메뉴 사용하기 　146
- 02 실력 다듬기 : SNS 마케팅 광고 만들기 　149
- 03 실력 다지기 　167

09 비현실적 이미지 만들기 　　레이어 활용 　　169

- 01 학습 다지기 : 레이어 사용하기 　170
- 02 실력 다듬기 : 비현실적 이미지 만들기 　172
- 03 실력 다지기 　183

10 애니메이션 카드 만들기 　　애니메이션 　　185

- 01 학습 다지기 : 애니메이션 패널 사용하기 　186
- 02 실력 다듬기 : 크리스마스 카드 만들기 　187
- 03 실력 다지기 　198

예제파일 다운로드

1 시대인 홈페이지(www.edusd.co.kr)에 접속합니다.

2 로그인을 한 후 홈페이지 상단 메뉴에서 [프로그램]을 선택합니다.
※ '시대' 회원이 아닌 경우 [회원가입]을 클릭하여 회원가입한 후, 로그인을 합니다.

3 프로그램 자료실 화면이 나타나면 책 제목을 검색합니다. 검색된 결과 목록에서 해당 도서의 자료를 찾아 제목을 클릭합니다.

4 페이지가 열리면 [다운로드] 버튼을 클릭합니다.

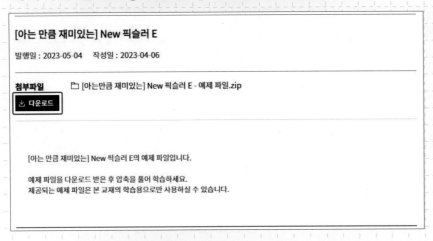

5 압축 해제 프로그램을 활용하여 압축을 해제합니다. '[아는 만큼 재미있는] New 픽슬러 – 예제 파일.zip' 파일을 해제되면 교재의 준비파일과 완성파일이 폴더별로 제공됩니다.

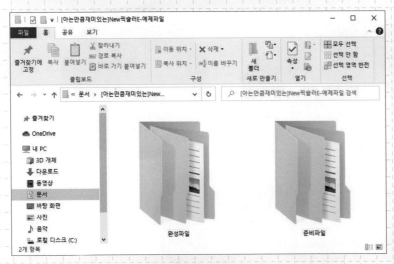

픽슬러 E 시작하기

학습 포인트

- 픽슬러의 실행과 종료
- 새 캔버스 만들고 이미지 불러오기
- 이미지 복사하고 붙여넣기
- 이미지 축소하여 보기
- 이미지 크기 줄이기
- 이미지 저장하고 닫기

픽슬러는 '인터넷의 포토샵'이라는 별칭처럼 포토샵 인터페이스와 유사하고, 일반적인 편집 기능을 대부분 사용할 수 있습니다. 이번 장에서는 '픽슬러 E' 사이트에 접속하여 이미지를 불러와 간단한 작업을 한 후 저장하는 방법을 알아보겠습니다.

 미 리 보 기

◉ 준비파일 : 고양이.jpg
◉ 완성파일 : 배경-완성.jpg

Step 01　픽슬러란?

픽슬러(Pixlr)는 인터페이스가 깔끔하고 직관적이라 누구나 쉽게 작업할 수 있는 이미지 편집 프로그램입니다. 간단한 기능으로 구성된 픽슬러 X(엑스프레스)와 전문가용 픽슬러 E(에디터) 두 가지 버전이 있으며, 인터넷이 연결된 곳이라면 어디서나 작업이 가능합니다.

> **참고** 저장은 하루에 세 번 무료로 이용 가능하고, 약간의 구독료를 내면 무제한으로 저장 가능하며 광고가 없습니다. 이 책은 무료 범위에서만 설명합니다.

Step 02　픽슬러 E의 화면 구성 알아보기

① 메뉴 : 작업에 필요한 명령들을 모아 놓은 곳입니다.

② 도구 옵션 : 도구 패널에서 선택한 도구의 상세 설정을 할 수 있습니다.

③ 도구 패널 : 이미지를 편집할 때 자주 사용하는 기능들을 모아 놓은 곳입니다.

④ 캔버스 : 이미지를 편집하는 실제 작업 영역입니다.

⑤ 탐색 패널 : 이미지를 확대/축소하거나 마우스 포인터의 위치, 캔버스의 크기를 표시합니다.

⑥ 레이어들 패널 : 레이어를 관리하는 곳입니다. 새로운 레이어 생성 및 삭제, 블랜드 모드, 투명도 등을 설정합니다.

⑦ 히스토리 패널 : 작업 과정이 기록되며, 작업을 취소해 되돌릴 수 있습니다.

⑧ Quicklink 바 : 패널들을 빠르게 보이게 하거나 가립니다.

Step 01 픽슬러 시작하고 새 캔버스 만들기

01 인터넷 엣지를 실행하고 주소 표시줄에 'pixlr.com'을 입력한 후 [Enter] 키를 누릅니다. 픽슬러 페이지가 열리면 [Pixlr E]를 클릭합니다.

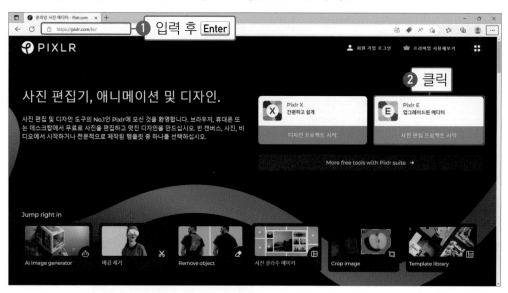

02 [신규 생성] 버튼을 클릭합니다.

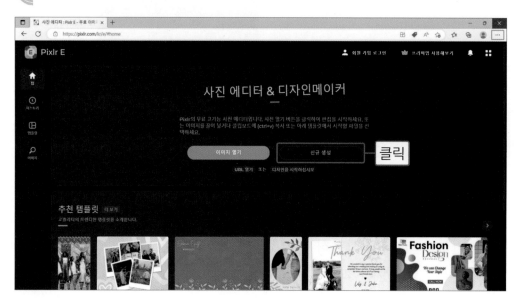

화면 하단의 🌐을 클릭하여 다른 나라의 언어를 선택하면 프로그램의 언어가 변경됩니다.

03 [신규 생성] 대화상자가 나타나면 **파일명은 '배경', 가로는 '900', 세로는 '600'을 입력**합니다. **[백그라운드]를 클릭**하여 활성화하고 **[생성] 버튼을 클릭**합니다.

백그라운드 버튼을 클릭하고 별도로 색을 선택하지 않으면 흰색으로 설정됩니다.

04 흰 배경의 캔버스가 생성되었습니다.

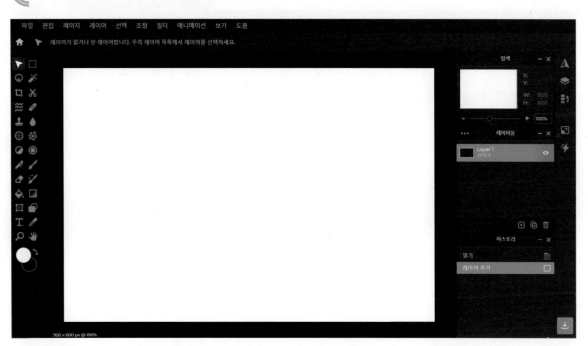

01　메뉴에서 [파일]-[이미지 열기]를 선택합니다.

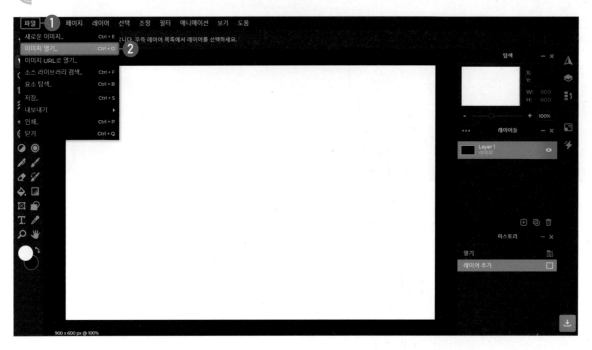

02　[열기] 대화상자가 나타나면 경로를 따라 '준비파일 > 1장' 폴더에서 '**고양이.jpg**' 파일을 선택하고 [**열기**] 버튼을 클릭합니다.

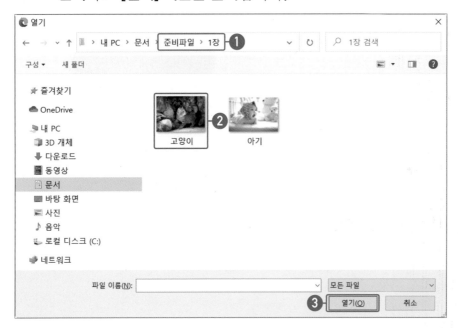

03 픽슬러 E 화면으로 변경되면서 선택한 이미지가 열린 것을 확인할 수 있습니다.

Step 03 이미지 복사하여 붙여넣기

01 도구 패널에서 [**기본 선택(■)**] 도구를 선택하고, 도구 옵션에서 [**타원(●)**]을 설정한 후 이미지 위에서 Shift 키를 누른 채 드래그합니다.

정비율의 도형을 만들 때는 Shift 키를 누른 채 드래그합니다. 드래그한 후 Shift 키에서 손을 떼어야 정원이 만들어집니다.

02 메뉴에서 [편집]-[복사]를 선택합니다.

03 '배경'의 제목 표시줄을 클릭하여 활성화합니다.

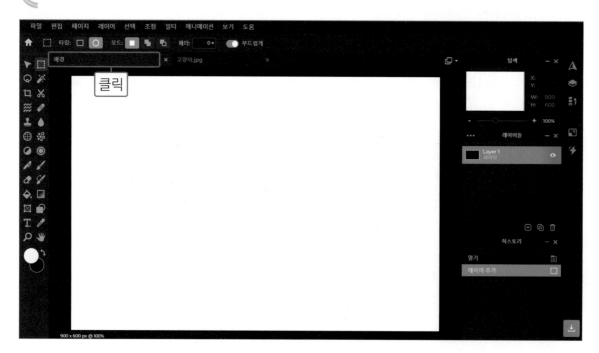

04 메뉴에서 **[편집]-[붙여넣기]를 선택**합니다.

[붙여넣기] 명령을 실행한 후 그림과 같은 알림창이 나타나면 [허용] 버튼을 클릭합니다.

pixlr.com이(가) 하려고 합니다.　　　✕

📋 클립 보드에 복사된 텍스트 및 이미지 보기

허용　　　차단

05 클립보드에 복사된 이미지가 붙여넣기 됩니다. 레이어들 패널에 'clipboard' 레이어가 **생성된 것을 확인**할 수 있습니다. 고양이 이미지가 캔버스보다 크기 때문에 이미지가 일부만 나타납니다.

단축키 Ctrl + V 를 사용해 붙여넣기 하면 'image.png' 레이어가 생성됩니다.

01 탐색 패널에서 **보기 비율을 '60%'로 입력**하여 이미지를 축소해 봅니다.

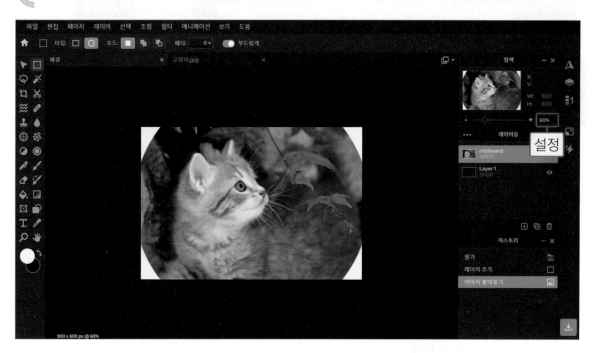

02 도구 패널에서 [순서(▶)] 도구를 선택하고, 도구 옵션에서 **규격의 W를 '500'으로 입력**합니다.

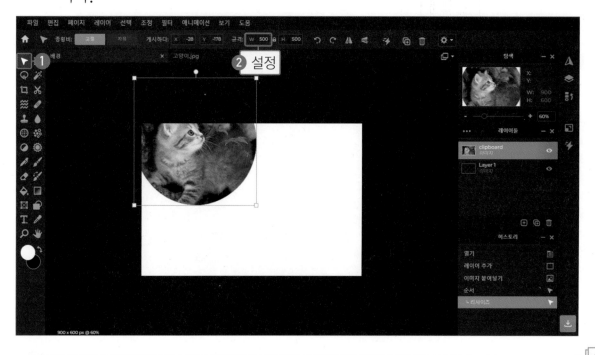

> 도구 옵션에서 [잠금(🔒)] 버튼으로 설정되었기 때문에 W(가로, 너비)나 H(세로, 높이) 중 하나만 수정해도 가로세로의 규격이 같이 변경됩니다.

03 사각박스 안쪽으로 마우스 포인터를 이동한 후 그림처럼 **드래그하여 고양이 이미지를 이동**합니다.

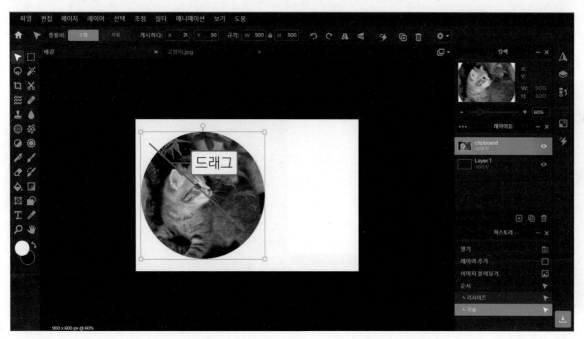

Step 05   이미지 복제하여 변형하기

01 도구 옵션에서 **[복제하기(⬒)]를 클릭**합니다. 레이어들 패널에 'clipboard 복사' 레이어가 생성된 것을 확인할 수 있습니다.

02 사각박스의 **사각점을 드래그하여 축소**하고, 중앙의 **회전점을 오른쪽으로** 드래그합니다.

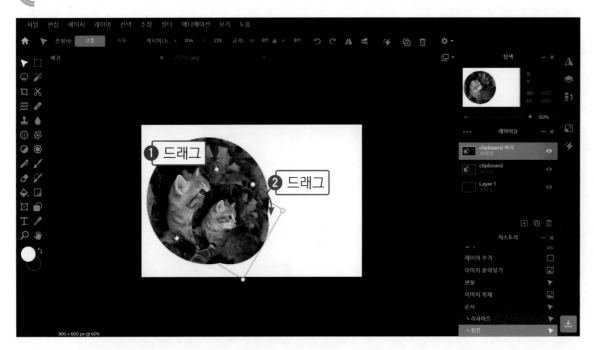

03 마우스 포인터를 사각박스 안쪽으로 이동한 후 **복제한 고양이 이미지를 오른쪽 위로 드래**
그합니다.

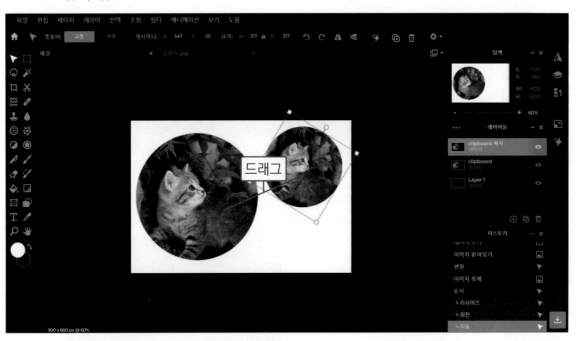

01 같은 방법으로 복제하여 **세 번째 이미지를 만든 후 [저장]** 버튼을 클릭합니다.

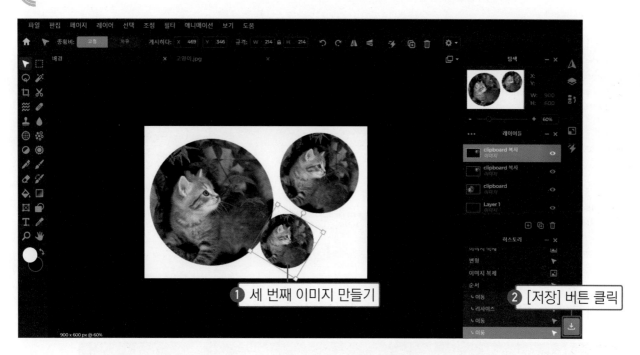

1 세 번째 이미지 만들기

2 [저장] 버튼 클릭

02 [이미지 저장] 대화상자가 나타나면 **[다른 이름으로 저장]** 버튼을 클릭합니다.

클릭

03 [다른 이름으로 저장] 대화상자가 나타나면 **파일 이름에 '배경-1'을 입력**하고 **[저장] 버튼을 클릭**합니다.

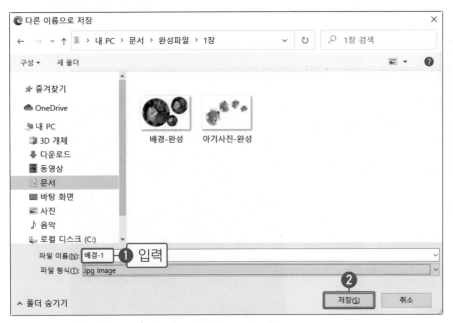

04 저장에 성공했다는 메시지가 나타납니다. **[닫기] 버튼을 클릭**합니다.

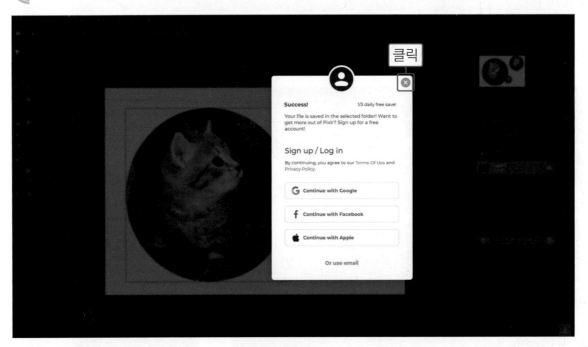

하루에 세 번 무료 저장할 수 있다는 메시지가 나타나고 더 저장하려면 회원가입을 유도하는 메시지가 나타납니다. 한 달에 0.75$(한화로 약 1000원)를 지불하면 광고가 뜨지 않고 무제한 저장할 수 있습니다.

05 '배경'과 '고양이.jpg'의 제목 표시줄의 [닫기(✕)] 버튼을 클릭합니다.

06 [HOME] 창이 활성화됩니다. **[닫기] 버튼을 클릭**하면 브라우저가 종료되면서 픽슬러 화면을 빠져나갈 수 있습니다.

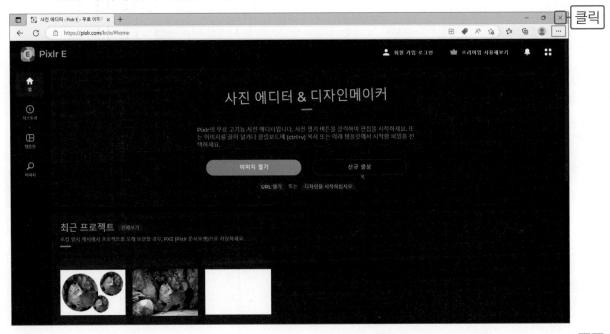

노란색 왕관 표시(👑)가 있는 메뉴는 프리미엄 기능으로 유료이며 첫 달은 무료로 사용할 수 있습니다.

준비파일 아기.jpg

1 '아기.jpg' 파일을 불러온 후 그림과 같이 페더가 적용된 타원형을 선택하고 복사해 봅니다.

> **힌트** 도구 패널에서 [기본 선택(▨)] 도구를 선택하고, 도구 옵션에서 [타원(◯)], 페더 값을 '50'으로 설정합니다.

2 파일명은 '아기사진', 가로는 '900', 세로는 '600', 백그라운드는 '흰색'인 캔버스를 생성한 후 **1**에서 복사한 이미지를 붙여넣기 해 봅니다.

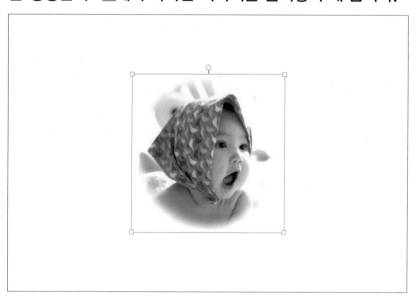

> **힌트** 메뉴에서 [파일]-[새로운 이미지]를 선택하여 캔버스를 설정합니다.

3 **2**에서 붙여넣기 한 이미지를 왼쪽 아래로 이동하고 회전해 봅니다.

4 같은 방법으로 아기 이미지를 복제하고 회전, 이동해 다음과 같은 이미지를 만든 후 '아기사진-완성.jpg'로 저장해 봅니다.

포스터 만들기

학습 포인트

- [순서] 도구 활용하기
- [선택] 도구 활용하기
- 이미지 복사, 붙여넣기
- 이미지 크기의 확대 축소, 이동, 회전하기

이미지 수정을 위한 가장 기본적인 방법인 이미지를 선택하는 방법에 대해 알아봅니다.

그리고 이미지를 복사하고 붙여넣기를 하면서 이미지를 확대, 축소, 회전하는 방법을 알

아보겠습니다.

◉ 준비파일 : 쿠키.jpg, 테이블.jpg, 카푸치노.jpg
◉ 완성파일 : 테이블-완성.jpg

Step 01 [순서] 도구 알아보기

❶ [순서(▶)] 도구 : 사각박스를 이용하여 이미지를 이동하고 레이어를 회전하거나 크기를 변경합니다.

▲ 배경과 분리된 레이어

▲ 레이어의 크기 변형과 회전

Step 02 [선택] 도구 알아보기

이미지를 선택하는 도구에는 [기본 선택(▦)], [올가미로 선택(◉)], [마술봉으로 선택(✎)]이 있습니다. 이미지의 유형에 적절한 선택 도구를 사용합니다.

❶ [기본 선택(▦)] 도구 : 사각형 및 원형으로 선택합니다.

▲ 직사각형(▢) 적용

▲ 타원(◯) 적용

② [올가미로 선택()] 도구 : 자유, 다각형, 베지어 곡선, 자석 올가미를 사용하여 선택합니다.

▲ 자유( ) 사용

▲ 다각형( ) 사용

▲ 베지어 곡선( ) 사용

▲ 자석 올가미( ) 사용

③ [마술봉으로 선택( )] 도구 : 마술봉을 이용하여 유사한 색상 영역을 선택합니다.

▲ 마술봉으로 선택 : 허용값 32 적용

▲ 마술봉으로 선택 : 허용값 60 적용

Step 01　쿠키 선택하기

01 [Pixlr E]를 실행한 후 [이미지 열기]를 클릭해 '쿠키.jpg' 파일을 불러옵니다. 도구 패널에서
[마술봉으로 선택(🪄)] 도구를 선택한 후 배경을 클릭합니다.

> 쿠키를 선택하는 것보다 단순한 배경을 선택한 후 반전하는 것이 효율적입니다.

02 도구 옵션에서 [선택 추가(■)]를 설정한 후 **추가할 영역을 클릭**해 배경을 확장합니다.

03 도구 옵션에서 **허용값을 '60'으로 설정**한 후 **빈 곳을 클릭**해 배경을 더 확장합니다.

04 도구 패널에서 [올가미로 선택(⭕)] 도구를 선택하고, 도구 옵션에서 [선택 추가(⬛)]를 설정합니다. 배경에 포함되지 않은 영역을 드래그하여 모두 선택합니다.

05 메뉴에서 **[선택]–[반전 선택]**을 **선택**하여 쿠키를 선택합니다.

06 메뉴에서 **[편집]–[복사]**를 **선택**해 쿠키를 복사합니다.

복사할 때는 단축키 Ctrl + C 를 눌러도 됩니다.

07 메뉴에서 **[파일]–[이미지 열기]를 선택**해 [열기] 대화상자가 나타나면 경로를 따라 **'테이블.jpg' 파일을 불러옵니다.**

08 메뉴에서 **[편집]–[붙여넣기]를 선택**해 클립보드에 저장된 이미지를 붙여넣습니다. 레이어들 패널에 **'clipboard' 레이어가 생성된 것을 확인**할 수 있습니다.

09 도구 패널에서 [순서(▶)] 도구를 선택하고 사각박스가 표시되면 **사각점을 드래그**하여 쿠키 이미지의 크기를 줄입니다.

Step 02 쿠키 복제하기

01 쌓여 있는 쿠키 앞에 떨어져 있는 쿠키를 복제하겠습니다. 먼저 메뉴에서 **[선택]–[픽셀 선택]을 선택**해 쿠키를 선택합니다.

배경이 투명한 쿠키 이미지이기 때문에 대강 드래그하고, 쿠키가 겹치는 부분은 **자세히 선택**해야 합니다.

02 도구 패널에서 [올가미로 선택(◯)] 도구를 선택하고, 도구 옵션에서 [다각형(◇)], [선택 제거(◻)]를 설정합니다. 겹겹이 **쌓여있는 쿠키**를 **클릭**하며 **처음 지점으로 돌아와서** 선택 에서 제외합니다.

이미지를 선택할 때 초보자는 도구 옵션의 [자유(◯)]보다는 [다각형(◇)] 사용을 권장합니다.

03 메뉴에서 [편집]-[복사]를 선택하여 쿠키를 복사합니다.

04 메뉴에서 [편집]-[붙여넣기]를 선택해 잘라낸 쿠키를 붙여넣습니다.

05 도구 패널에서 [순서(▶)] 도구를 선택하고 마우스 포인터를 사각박스 안쪽으로 이동합니다. 붙여넣은 쿠키를 드래그하여 왼쪽 아래로 배치한 후 중앙의 **회전점을 오른쪽으로** 드래그합니다.

01 메뉴에서 [파일]–[이미지 열기]를 선택해 '카푸치노.jpg' 파일을 불러옵니다.

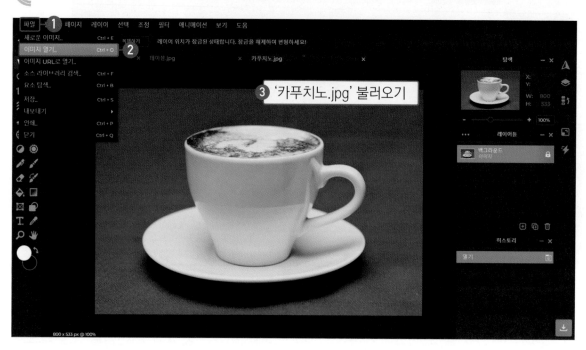

02 도구 패널에서 [올가미로 선택(◯)] 도구를 선택하고, 도구 옵션에서 [자석(◯)], [새로운 선택 (◼)]을 설정합니다. 커피잔의 모서리를 클릭한 후 마우스 왼쪽 버튼에서 손가락을 떼고 마우스를 움직여 커피잔을 선택합니다. 처음 클릭한 지점으로 되돌아와서 클릭하여 완성합니다.

잘못 선택해 한 단계씩 되돌리고 싶을 때는 ESC 키를 누릅니다. [선택 추가(◼)], [선택 제거(◼)]를 이용해 수정해도 되므로 처음 지점까지 이동하여 선택합니다.

03 도구 옵션에서 **[선택 제거(🔳)]를 설정**한 후 커피잔에서 **선택되지 않은 부분을 드래그**하여 선택합니다. 복사 단축키 `Ctrl`+`C`를 **누릅니다.**

04 '테이블.jpg'의 제목 표시줄을 클릭하여 활성화합니다. 메뉴에서 **[편집]-[붙여넣기]를 선택**해 커피잔을 붙여넣습니다.

> **참고!** 이미지를 붙여넣기할 때 메뉴에서 [편집]-[붙여넣기]를 이용하면 'clipboard' 레이어로 생성되고, `Ctrl`+`V` 단축키를 이용하면 'image.png' 레이어로 붙여집니다. 이미지상으로 차이는 없습니다.

05 도구 패널에서 [순서(▶)] 도구를 선택하고 마우스 포인터를 사각박스 안쪽으로 이동한 후 **커피잔 이미지를 드래그**하여 오른쪽 아래에 배치하고 **사각점을 드래그**하여 이미지 크기를 줄입니다.

Step 04 김이 나는 커피 만들기

01 레이어들 패널의 [레이어 추가(⊞)]로 이동한 후 [■ 비움]을 클릭합니다.

02 레이어들 패널에 'Layer 5'가 생성된 것을 확인합니다. 도구 패널에서 [올가미로 선택(●)] 도구를 선택하고, 도구 옵션에서 [베지어 곡선(●)], [선택 추가(●)]를 설정합니다. 커피의 김을 만들기 위하여 ❺~❾를 순서대로 클릭합니다.

[베지어 곡선(●)]은 직선으로 클릭한 후 직선 중간 부분을 마우스 포인터로 이리저리 이동해 원하는 곡선이 만들어지면 클릭하여 선택합니다.

03 ❶을 클릭한 후 ❷로 마우스 포인터를 이동하여 원하는 곡선이 만들어지면 클릭합니다. ❸을 클릭하고 마우스 포인터를 이동하여 원하는 곡선이 만들어지면 ❹를 클릭합니다.

04 커피의 김을 하나 더 만들기 위해 ❶을 클릭한 후 ❷를 클릭합니다. 마우스 포인터를 이동하여 원하는 곡선이 만들어지면 ❸을 클릭합니다. ❹를 클릭하고 마우스 포인터를 이동하여 원하는 곡선이 만들어지면 ❺를 클릭합니다.

05 도구 패널에서 [칠하기(◢)] 도구를 선택한 후 선택 영역을 클릭하여 색상을 채웁니다. [저장] 버튼을 클릭한 후 이미지 저장 대화상자가 나타나면 [다른 이름으로 저장] 버튼을 클릭하고 파일명을 '테이블-완성.jpg'로 저장합니다.

실력 다지기

준비파일 라떼.jpg, 크리스마스.jpg

1 '라떼.jpg' 파일을 불러온 후 다음처럼 커피잔 윤곽을 따라 선택해 봅니다.

힌트! 도구 패널에서 [올가미로 선택( )] 도구를 선택하고, 도구 옵션에서 [자석( )]이나 [다각형( )]을 설정합니다.

2 손잡이 안쪽을 선택 영역에서 제외하여 선택이 완성되면 복사해 봅니다.

3 '크리스마스.jpg' 파일을 불러온 후 **2**에서 복사한 커피잔을 붙여넣기 합니다.

4 선택 도구를 이용하여 그림처럼 하트 모양을 만든 후 색상을 채워 완성해 봅니다.

> **힌트!** 레이어들 패널의 [레이어 추가(➕)]로 이동해 [■ 비움]을 클릭해 빈 레이어를 생성합니다. 도구 패널에서 [올가미로 선택(🔾)] 도구를 선택하고, 도구 옵션에서 [베지어 곡선(🏳)]을 설정합니다.

얼굴 사진 보정하기

03

학습 포인트

- [복구 브러시] 도구 이용하기
- [도장] 도구 이용하기
- [픽셀 유동화] 도구 이용하기

보정 메뉴를 사용하는 것보다 보정 도구를 사용하면 즉각적으로 부분 부분을 수정할 수 있어 편리합니다. 인물 사진을 보정하고 수정해 원본과 전혀 다른 분위기의 사진을 만들어 보면서 도구들의 사용법을 익혀보겠습니다.

⊙ 준비파일 : 요정.jpg, 문양.jpg, 숲.jpg
⊙ 완성파일 : 요정-완성.pxz

●●●●
Step 01 보정 도구 알아보기

① [픽셀 유동화(≋)] 도구 : 얼굴 또는 이미지 영역에 밀기, 당기기, 회전, 반사, 오목, 볼록 등의 효과를 적용합니다.

▲ 원본   ▲ 픽셀 유동화 적용

② [복구 브러시(▨)] 도구 : 원치 않는 점, 영역, 홍조 등을 제거하여 이미지를 깨끗하게 만 듭니다.

▲ 원본   ▲ 복구 브러시 적용

③ [도장(▣)] 도구 : 이미지 내의 특정 영역을 클릭이나 드래그하면 똑같이 복제됩니다.

▲ 피사체를 소스로 적용   ▲ 배경을 소스로 적용

④ [흐림 효과/선명 효과/손가락 도구(●)] 도구 : 이미지 내의 특정 영역을 블러 처리하거나 선명하게 하는 등의 효과를 적용할 수 있습니다.

▲ 모드 : 블러 적용　　　　　▲ 모드 : 선명하게 적용　　　　　▲ 모드 : 손가락 도구 적용

⑤ [닷지/번(●)] 도구 : 이미지 내 특정 영역을 더 밝거나 어둡게 하여 톤을 조정합니다.

▲ 모드 : 밝게 하기　　　　　　　　　　▲ 모드 : 어둡게 하기

⑥ [스펀지/색상(●)] 도구 : 특정 영역의 생동감, 채도 또는 온도를 조절하여 색상을 자유자재로 조정합니다.

▲ 모드 : 증가　　　　　　　　　　　▲ 모드 : 감소

Step 01 액세서리 제거하기

01 [Pixlr E]를 실행한 후 [이미지 열기]를 클릭해 '요정.jpg' 파일을 불러옵니다.

02 도구 패널에서 [확대(🔍)] 도구를 선택한 후 도구 옵션에서 '100%'를 설정하여 이미지 크기를 확대합니다. 탐색 패널에서 **섬네일의 빨간 테두리를 아래로 드래그**합니다.

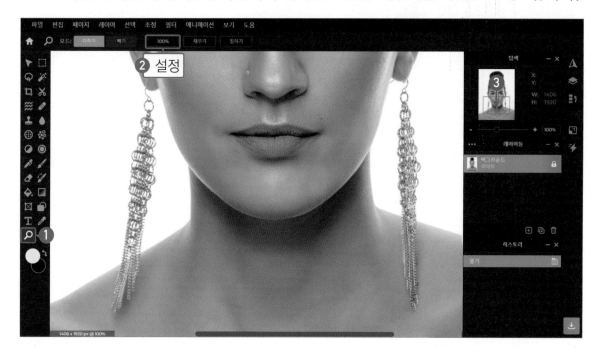

03 귀걸이를 제거하기 위해 도구 패널에서 **[도장(🔲)] 도구를 선택**한 후 소스가 될 **배경 이미지를 클릭**합니다.

04 **귀걸이로 이동하여 마우스를 클릭 또는 드래그**해 귀걸이를 지웁니다. 도구 옵션이 [소스]에서 [페인트]로 자동 변경됩니다.

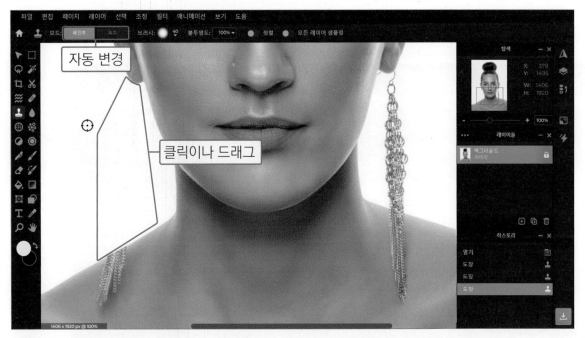

> **참고** [소스] 설정 상태에서 클릭한 부분이 저장되고, [페인트] 설정 상태에서 저장된 부분이 복제되어 나타납니다.

05 도구 옵션에서 [소스], 불투명도를 '50%'로 설정한 후 어깨의 귀걸이를 지우기 위해 소스가 될 **어깨의 살색을 클릭**하여 선택합니다.

[페인트]인 상태에서 [소스]를 선택할 때 단축키 Shift 를 눌러도 됩니다.

06 **남은 귀걸이로 이동하여 클릭이나 드래그**하여 귀걸이를 지웁니다.

07 도구 패널에서 [올가미로 선택(◯)] 도구를 선택하고, 도구 옵션에서 **페더를 '20'으로 설정**합니다. ❸처럼 드래그한 후 Ctrl+C 키를 눌러 복사합니다.

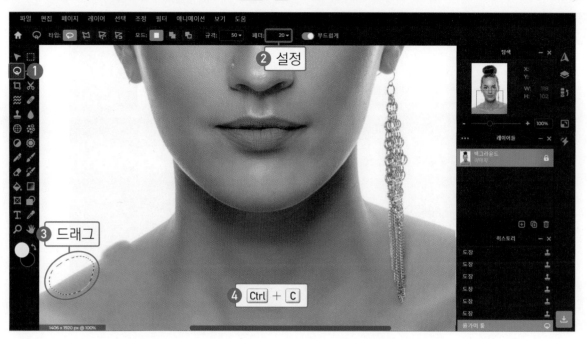

> 페더의 설정값이 클수록 선택 영역이 부드럽게 선택됩니다.

08 Ctrl+V 키를 눌러 'image.png' 레이어를 생성합니다. 도구 패널에서 [순서(▶)] 도구를 **선택**한 후 사각박스가 표시되면 안쪽을 **드래그하여 어깨 위로 이동**합니다.

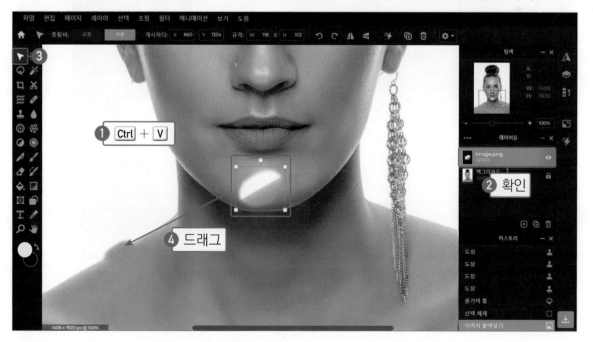

09 레이어들 패널의 **[설정 ●●●]**을 클릭한 후 **[보이는 레이어 병합(⋮⋮⋮)]**을 클릭합니다. [닫기 (✖)]를 클릭합니다.

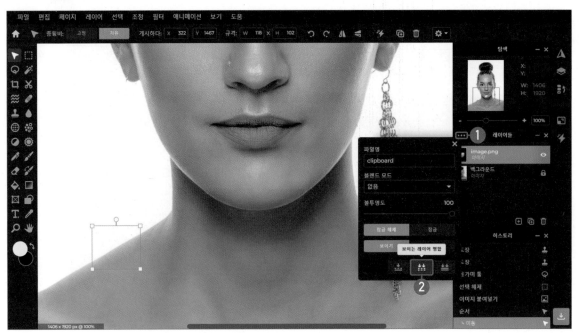

10 'image.png' 레이어가 '백그라운드'에 합쳐진 것을 확인할 수 있습니다. **03~09**와 같은 방법으로 **나머지 귀걸이도 제거**합니다.

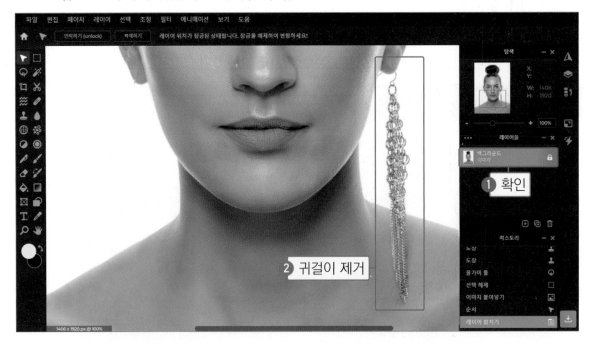

11 탐색 패널에서 **섬네일의 빨간 테두리를 위로 드래그**하여 얼굴 중앙이 보이게 합니다. 도구 패널에서 **[복구 브러시(　)] 도구를 선택**하고, 도구 옵션에서 **규격을 '10'으로 설정**합니다. **코 피어싱을 클릭**하여 지웁니다.

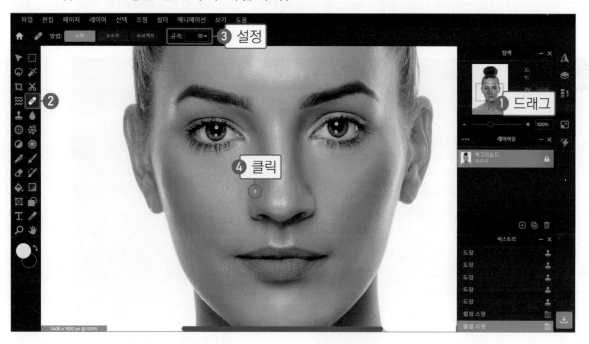

12 도구 옵션에서 **규격을 '5'로 설정**하고 **양쪽 귓불에 남은 피어싱과 왼쪽 귀 중간의 피어싱을 클릭**하여 지웁니다.

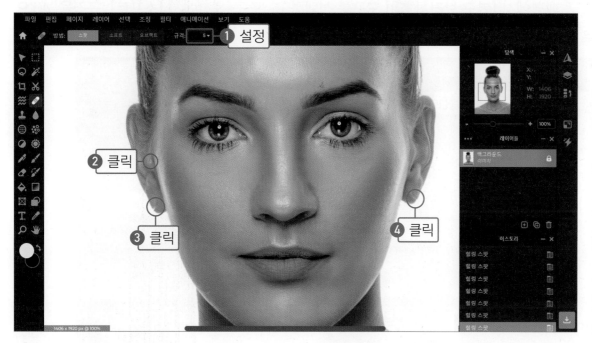

01 도구 패널에서 [올가미로 선택(◯)] 도구를 선택하고, 도구 옵션에서 페더를 '30'으로 설정합니다. **눈썹 주위를 드래그하여 선택**합니다.

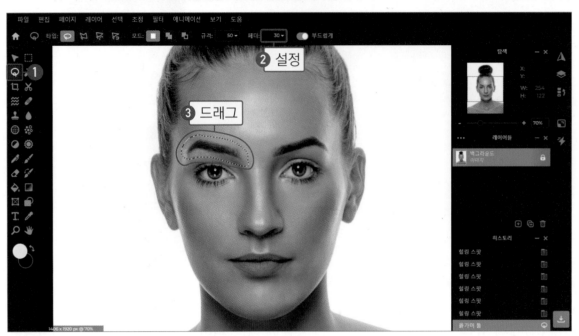

02 도구 패널에서 [복구 브러시(◢)] 도구를 선택하고, 도구 옵션에서 [소프트], 규격을 '40'으로 설정한 후 클릭하면서 제거합니다.

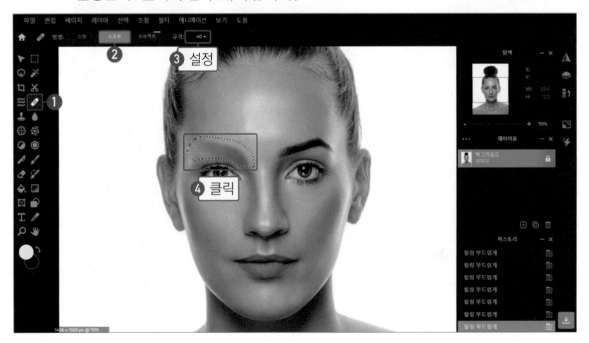

03 01~02와 같은 방법으로 왼쪽 눈썹도 지웁니다. 메뉴에서 [선택]-[선택 해제]를 선택합니다.

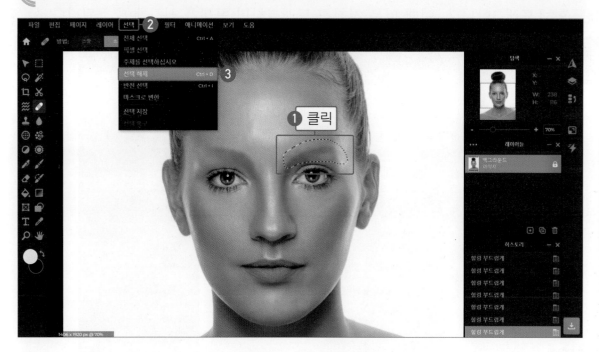

04 도구 패널에서 [픽셀 유동화(≋)] 도구를 선택하고, 도구 옵션에서 규격을 '200'으로 설정한 후 긴 얼굴형을 드래그하며 그림처럼 계란형으로 수정합니다.

05 도구 옵션에서 [줄이기(▓)], 강도를 '10%'로 설정한 후 콧대를 줄이기 위해 ❸처럼 아래를 향해 드래그합니다. 이때 너무 천천히 드래그하면 콧대가 심하게 축소됩니다.

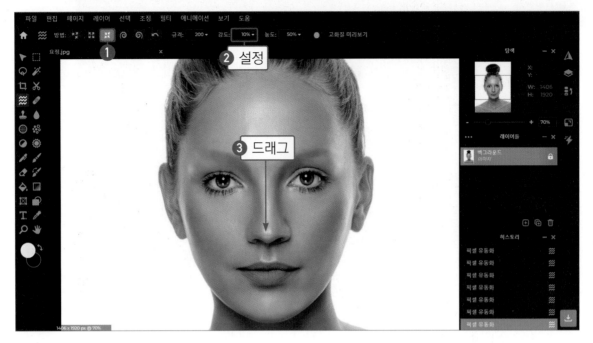

06 도구 옵션에서 [누르기(▓)], 규격을 '100', 강도를 '50%'로 설정한 후 드래그하며 눈꼬리는 올리고 눈 앞트임을 주고, 콧볼은 줄이고 입꼬리는 올립니다.

문양을 이용하여 눈썹 만들기

01 메뉴에서 [파일]–[이미지 열기]를 선택해 '문양.jpg' 파일을 불러옵니다. 탐색 패널에서 **보기 비율**을 '200%' 설정한 후 섬네일의 **빨간 테두리를 오른쪽으로 드래그**합니다.

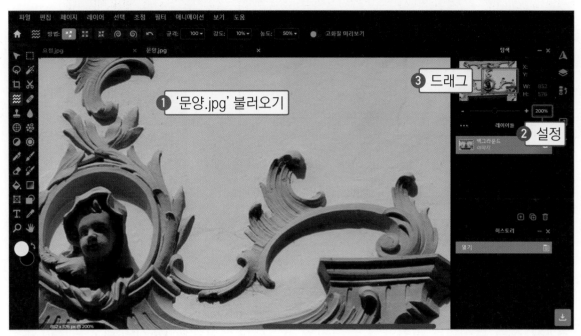

02 도구 패널에서 [올가미로 선택 ☌] 도구를 선택하고, 도구 옵션에서 [다각형(☒)], 페더는 '0'으로 설정한 후 ❹처럼 문양을 클릭하며 선택합니다. Ctrl+C 키를 눌러 복사합니다.

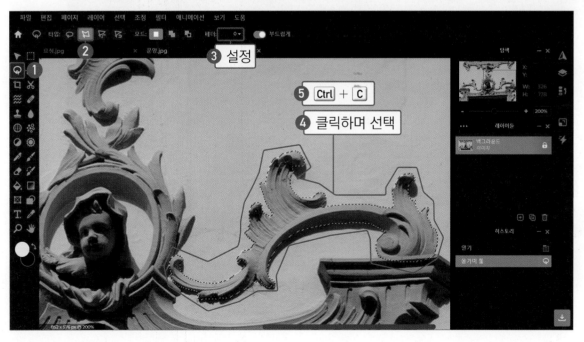

03 '요정.jpg' 제목 표시줄을 클릭하여 활성화한 후 Ctrl+V 키를 눌러 붙여넣습니다. 도구 패널에서 [순서(▶)] 도구를 선택하고 사각박스가 표시되면 **드래그하여 이동 및 회전**한 후 그림처럼 배치합니다.

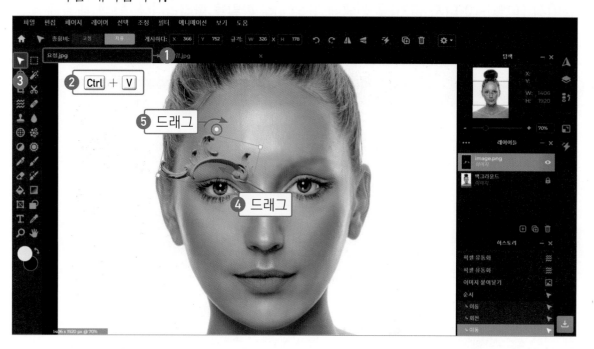

04 '문양.jpg' 제목 표시줄을 클릭하여 활성화한 후 도구 패널에서 [올가미로 선택(◯)] 도구를 선택하고 ❸처럼 문양을 클릭하며 선택합니다. Ctrl+C 키를 눌러 복사합니다.

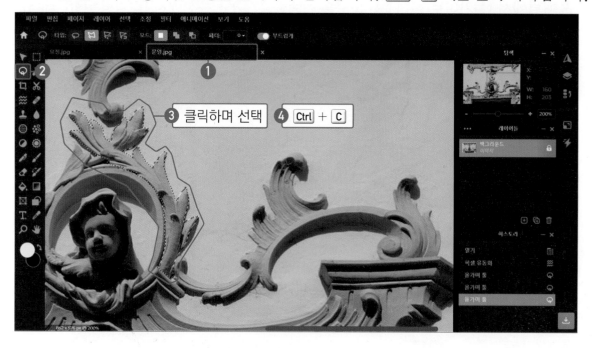

05 '요정.jpg' 제목 표시줄을 클릭하여 활성화한 후 Ctrl+V 키를 눌러 붙여넣습니다. 도구 패널에서 [순서(▶)] 도구를 선택한 후 사각박스가 표시되면 그림처럼 **드래그하여 회전하고 배치**합니다.

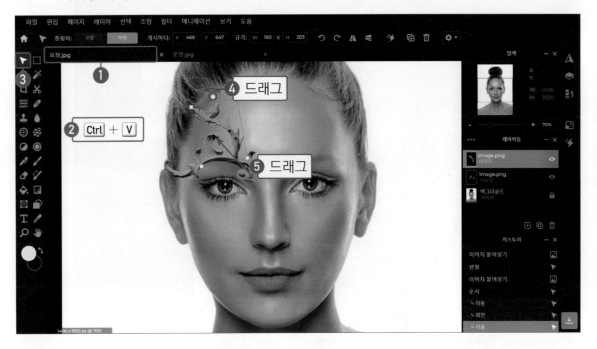

06 레이어들 패널의 [설정(⋯)]을 클릭한 후 [아래 레이어와 병합(⬇)]을 클릭하여 레이어를 합칩니다.

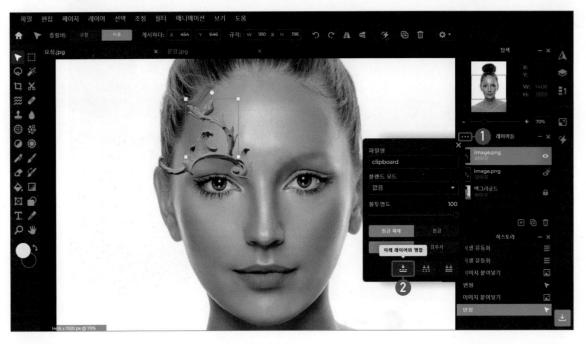

07 레이어들 패널의 [설정(•••)]을 클릭하고 블랜드 모드를 '광도'로 설정한 후 [닫기(⨉)]를 클릭합니다.

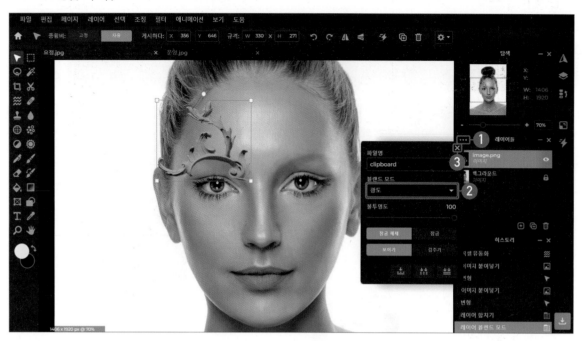

08 도구 옵션에서 [복제하기(🔲)], [좌우 반전(◧)]을 설정해 문양을 복제한 후 사각박스가 표시되면 오른쪽으로 드래그합니다.

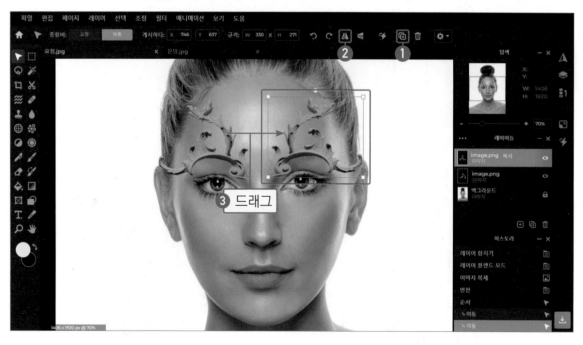

09 레이어들 패널에서 **'백그라운드' 레이어를 선택**하여 활성화합니다. 도구 패널에서 **전경색**을 클릭하여 [스포이트] 대화상자가 나타나면 **'초록색(HEX : #009632)'으로 설정**하고 [OK] 버튼을 클릭합니다.

10 도구 패널에서 [색상 변경( )] 도구를 선택하고, 도구 옵션에서 **모드를 '색조'로 설정**한 후 **눈동자를 색칠**합니다.

01 Ctrl + 0 키를 눌러 이미지를 화면 크기에 맞게 조정합니다. 도구 패널에서 [마술봉으로 선택(🪄)] 도구를 선택하고, 도구 옵션에서 [새로운 선택(■)]을 설정한 후 흰 배경을 클릭합니다.

02 도구 패널에서 [올가미로 선택 🔿] 도구를 선택하고, 도구 옵션에서 [선택 제거(🔳)]를 설정한 후 얼굴까지 침범한 선택을 드래그하여 제외시킵니다. 메뉴에서 [레이어]-[보이는 레이어 병합]을 선택합니다.

03 메뉴에서 [편집]–[삭제]를 선택합니다. Ctrl + D 키를 눌러 선택을 해제합니다.

04 '숲.jpg' 파일을 불러옵니다. 숲을 복사하기 위해 메뉴에서 [선택]–[전체 선택]을 선택한 후 Ctrl + C 키를 눌러 복사합니다.

05 '요정.jpg' 제목 표시줄을 클릭하여 활성화한 후 `Ctrl`+`V` 키를 눌러 숲 이미지를 붙여넣습니다. 도구 패널에서 [순서(▶)] 도구를 선택한 후 사각박스가 표시되면 ❹~❺처럼 사각점을 드래그하여 크기를 확대합니다.

06 레이어들 패널에서 'image.png' 레이어를 '백그라운드' 아래로 드래그하여 완성합니다.

07 [저장] 버튼을 클릭하여 [이미지 저장] 대화상자가 나타나면 'pxz'를 선택한 후 [다른 이름으로 저장] 버튼을 클릭합니다. 파일 이름은 '요정-완성', 파일 형식은 '*.pxz' 파일로 저장합니다.

> 픽슬러 전용 확장자인 'pxz'로 저장하면 생성한 레이어가 합쳐지지 않고 살아있어 수정할 때 편리합니다.

실력 다지기

준비파일 맨.jpg

1 '맨.jpg' 파일을 불러온 후 점과 이마 주름을 제거해 봅니다.

 ▷

힌트! 도구 패널의 [복구 브러시(🖌)] 도구를 이용합니다.

2 코는 좁게 얼굴형은 부드럽게 교정해 봅니다.

 ▷

힌트! 도구 패널의 [픽셀 유동화(〰)] 도구를 이용합니다.

3 입꼬리를 살짝 올려봅니다.

 ▷

4 쌍꺼풀을 지워봅니다.

 ▷

> **힌트!** 도구 패널의 [도장(👤)] 도구를 이용합니다.

5 눈 앞트임과 눈꼬리를 만들어 봅니다.

 ▷

6 눈동자 색상을 푸르고 진하게 변경해 봅니다.

 ▷

이미지 채색하기

04

학습 포인트

- [그리기] 도구를 이용하여 채색하기
- [펜] 도구를 이용하여 채색하기
- [그라데이션] 도구를 이용하여 채색하기

그리기 도구의 종류를 알아봅니다. 스케치한 레몬나무 이미지를 채색하기 편하게 배경과

분리해 채색해 보면서 그리기와 관련된 다양한 기능을 실습해 보겠습니다.

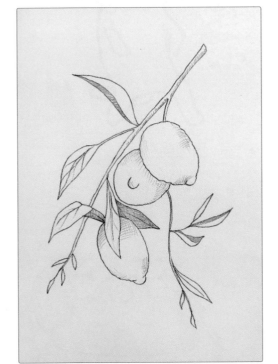

◉ 준비파일 : 레몬트리.jpg

◉ 완성파일 : 레몬트리-완성.pxz

Step 01 다양한 그리기 도구 알아보기

① [펜(🖊️)] 도구 : 선을 이용한 그림을 그릴 때 사용하며 도구 옵션에서 여덟 가지의 선을 제공합니다.

▲ 스케치 선을 사용

▲ 평행 선을 사용

▲ 모피 선을 사용

▲ 잉크 선을 사용

② [그리기(🖌️)] 도구 : 색을 칠할 때 주로 사용하며 전경색을 칠합니다.

▲ 불투명도를 적용하여 사용

▲ 색상을 변경하여 사용

③ [지우개(🪧)] 도구 : 이미지를 지울 때 사용하며 백그라운드 이미지는 흰색으로 지워지고, 레이어 이미지는 투명하게 지워집니다.

▲ 백그라운드 이미지에 사용

▲ 레이어 이미지에 사용

④ [색상 변경(🖊)] 도구 : 명도는 유지한 채 전경색으로 색상만 변경할 수 있습니다.

▲ 원본

▲ 드래그한 영역만 색상 변경

⑤ [칠하기(🪣)] 도구 : 허용값에 따라 전경색으로 색상을 채울 때 사용합니다.

▲ 원본

▲ 단일 색상으로 채움

⑥ [그라데이션(▣)] 도구 : 점차적으로 변경되는 두 가지 이상의 색상을 이용하여 그라데이션을 만들 수 있습니다.

▲ 선형 그라데이션

▲ 방사형 그라데이션

Step 02 　전경색과 배경색 알아보기

전경색과 배경색을 클릭하면 나타나는 스포이트 대화상자에서 색상을 변경할 수 있습니다. 색상 스위치를 클릭하면 전경색과 배경색이 전환됩니다.

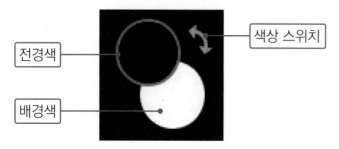

전경색

배경색

색상 스위치

Step 01 배경과 분리하기

01 [Pixlr E]를 실행한 후 '레몬트리.jpg' 파일을 불러옵니다. 레이어들 패널의 [복제하기(⬚)]를 클릭하여 레이어를 복제합니다. [설정(•••)]을 클릭한 후 파일명을 '레몬나무'로 입력하고 Enter 키를 누릅니다.

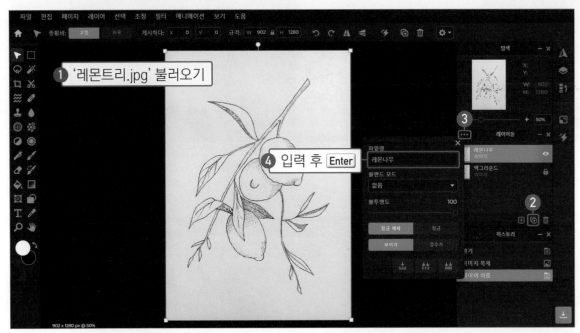

02 레이어들 패널의 '백그라운드' 레이어의 자물쇠 아이콘을 더블클릭하여 레이어 '감추기'를 설정합니다. 도구 패널에서 [오리기/마스크(✂)] 도구를 선택하고, 도구 옵션에서 [마술봉으로 마스크 그리기(🪄)], [오리기에서 제외하기(🔳)]를 설정한 후 ❺~❻번 위치를 클릭하여 배경을 지웁니다.

03 도구 옵션에서 █████ 를 클릭하고 [마스크 선택 요소로 전환]을 선택합니다. 메뉴에서 [선택]-[반전 선택]을 선택합니다.

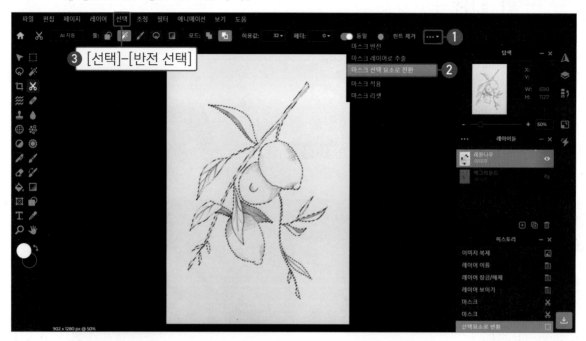

04 메뉴에서 [편집]-[삭제]를 선택합니다.

레이어(Layer)는 투명 필름이라고 할 수 있습니다. 각기 다른 이미지를 얹힌 여러 장의 레이어를 겹쳐 마치 한 장의 이미지처럼 보이게 합니다. 레이어가 분리된 이미지는 수정을 쉽게 할 수 있습니다.

나무 줄기 채색하기

01 메뉴에서 **[선택]–[반전 선택]**을 선택합니다. 레이어들 패널에서 **[복제하기(⬚)]**를 클릭하여 '레몬나무 복사' 레이어를 생성합니다.

02 레이어들 패널의 **[설정(•••)]**을 클릭한 후 **파일명을 '줄기'라고 입력**하고 Enter 키를 누릅니다.

03 전경색을 선택한 후 [스포이트] 대화상자가 나타나면 '**갈색(HEX : #41140A)**'으로 설정하고 [OK] 버튼을 클릭합니다.

04 메뉴에서 **[편집]-[칠하기]**를 선택한 후 [칠하기] 대화상자가 나타나면 **[적용]** 버튼을 클릭합니다. Ctrl + D 키를 눌러 선택을 해제합니다.

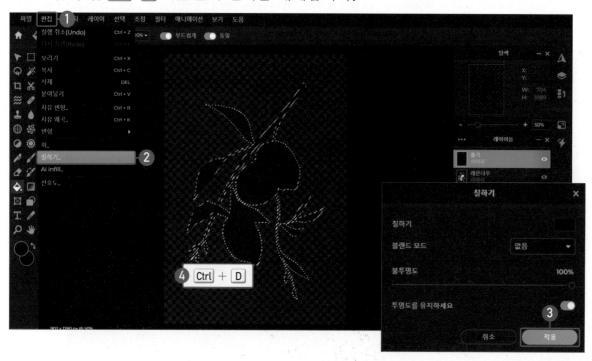

01 레이어들 패널에서 **'레몬나무'** 레이어를 드래그하여 **한 칸 위로 올린 후** [복제하기(🔳)]를 **클릭**하여 '레몬나무 복사' 레이어를 생성합니다.

02 레이어들 패널의 [설정(•••)]을 클릭한 후 **파일명을 '레몬'으로 입력**하고 Enter 키를 누릅니다.

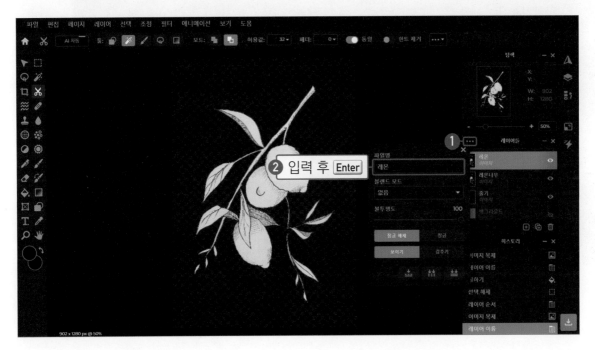

03 전경색을 선택한 후 [스포이트] 대화상자가 나타나면 '**노란색(HEX : #FAE600)**'으로 설정하고 [OK] 버튼을 클릭합니다.

04 도구 패널에서 [**칠하기(◆)**] 도구를 선택한 후 **레몬을 클릭**하면서 색상을 채웁니다.

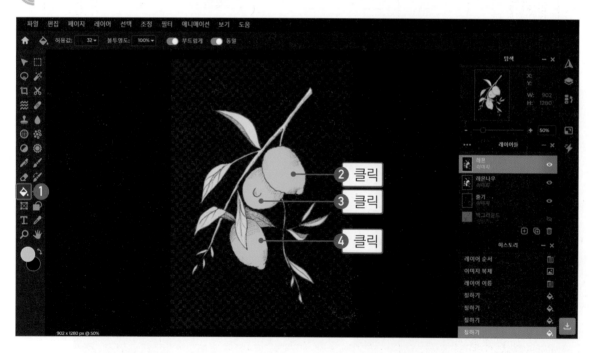

01 **전경색을 선택**한 후 [스포이트] 대화상자가 나타나면 **'초록색(HEX : #009632)'**으로 설정하고 [OK] 버튼을 클릭합니다.

02 **나뭇잎을 클릭**하면서 그림처럼 색상을 채웁니다. 메뉴에서 **[선택]–[픽셀 선택]을 선택**합니다.

03 전경색을 선택한 후 [스포이트] 대화상자가 나타나면 '진한 초록색(HEX : #00321E)'으로 설정하고 [OK] 버튼을 클릭합니다.

04 도구 패널에서 [그리기(✏)] 도구를 선택하고, 도구 옵션에서 **브러시를 선택**하여 [브러시] 대화상자가 나타나면 **규격을 '20px'로 설정**합니다. 빈 곳을 클릭하여 브러시 대화상자를 닫습니다.

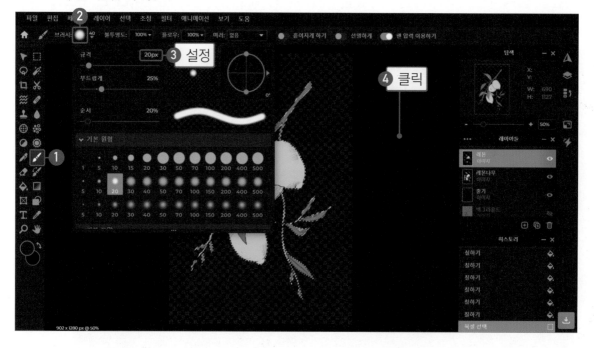

05 탐색 패널의 **보기 비율**을 '**100%**'로 설정합니다. 나뭇잎에서 **진한 부분이 될 곳**을 드래그하여 칠합니다.

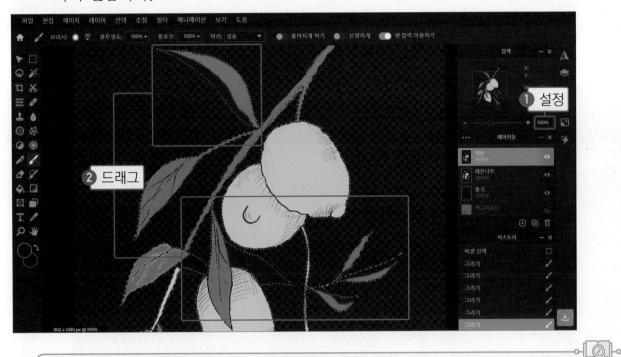

> 키보드의 〈 키를 누를 때마다 브러시의 크기가 작아지고, 〉 키를 누를 때마다 브러시의 크기가 커집니다.

06 '**레몬나무**' 레이어를 '**줄기**' 레이어 아래로 이동시킨 후 '**레몬**' 레이어를 선택합니다. 도구 패널에서 [**지우개(⌫)**] 도구를 선택한 후 줄기가 나타나도록 드래그하여 지웁니다. [Ctrl] +[D] 키를 눌러 선택 해제를 합니다.

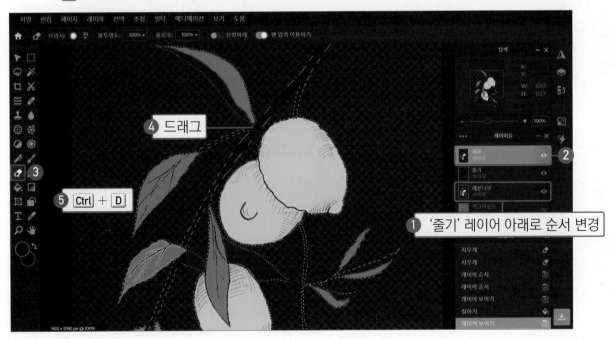

01 도구 패널에서 [펜(✒)] 도구를 선택하고, 도구 옵션에서 **다르게**를 '**스케치**', 규격을 '5'로 설정한 후 **나뭇잎들의 윤곽을 드래그**하며 스케치 느낌을 연출합니다.

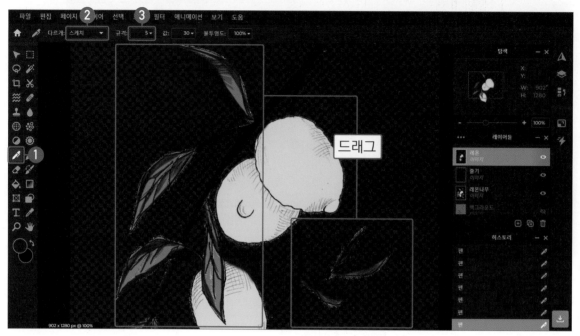

02 **전경색을 선택**한 후 [스포이트] 대화상자가 나타나면 '**겨자색(HEX : #9F7C07)**'으로 설정하고 [OK] 버튼을 클릭합니다.

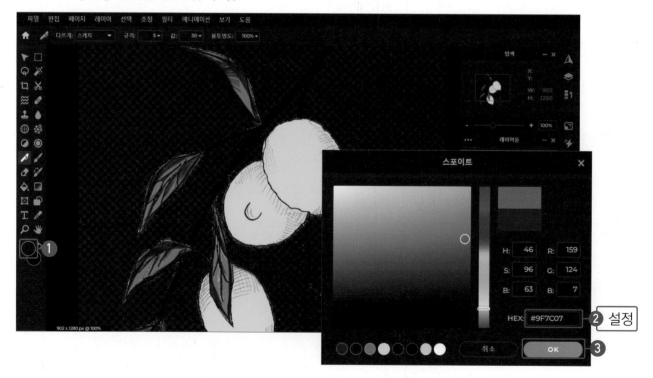

03 도구 옵션에서 **불투명도를 '50%'로 설정**한 후 3개의 **레몬에 음영을 넣듯 드래그**하며 칠합니다. **전경색을 선택**한 후 [스포이트] 대화상자가 나타나면 '**진한 갈색(HEX : #221400)**'으로 설정하고 [OK] 버튼을 클릭합니다.

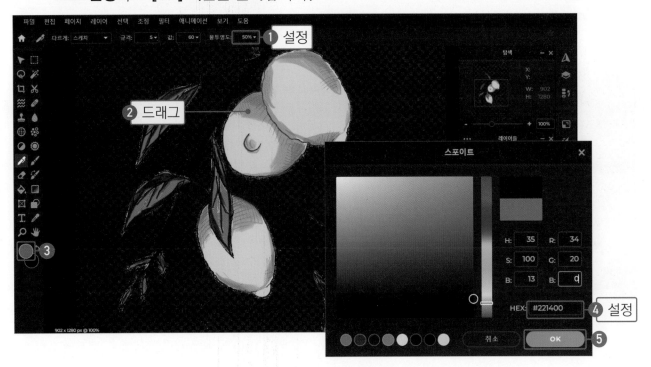

04 레몬, 줄기, 나뭇잎을 **드래그**하여 진하게 표현합니다.

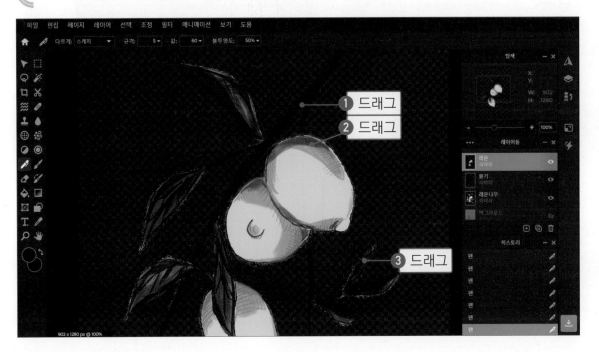

05 탐색 패널에서 **보기 비율을 '50%'로 설정**합니다. 레이어들 패널에서 **'레몬나무' 레이어를 맨 위로 드래그**합니다. [설정(┅)]을 클릭한 후 블랜드 모드를 '곱하기'로 설정하고 [닫기 (✕)] 버튼을 클릭합니다.

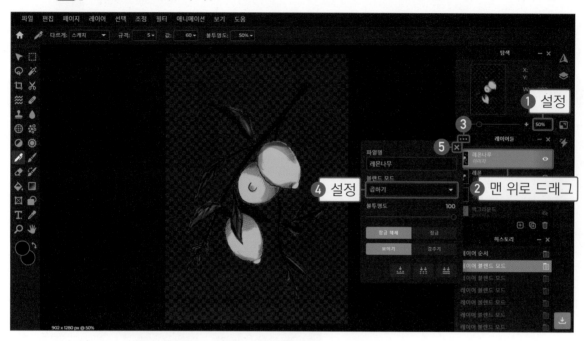

06 메뉴에서 [레이어]-[보이는 레이어 병합]을 선택해 레이어를 병합합니다.

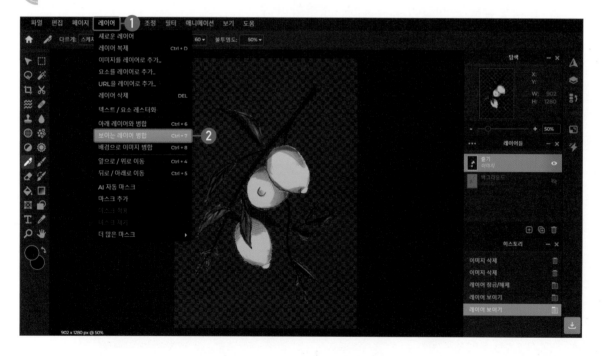

07 레이어들 패널의 '백그라운드' 레이어를 선택합니다. [레이어 추가(➕)]로 이동한 후 [■ 비움]을 클릭합니다.

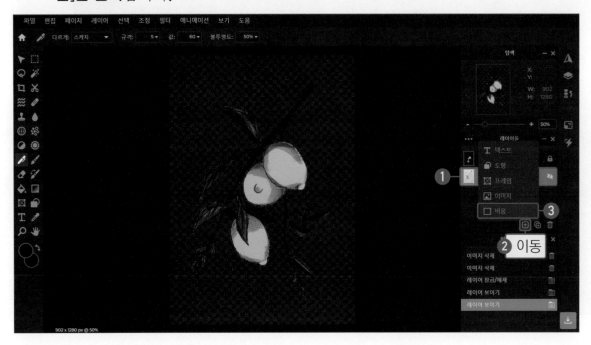

Step 06 그라데이션 배경 만들기

01 레이어들 패널에 'Layer 5'가 생성됩니다. 도구 패널에서 [그라데이션(■)] 도구를 선택하고, 도구 옵션에서 [방사형], [그라데이션 바]를 선택합니다. 푸른색과 주황색의 그라데이션을 선택하고 빈 곳을 클릭하여 대화상자를 닫습니다.

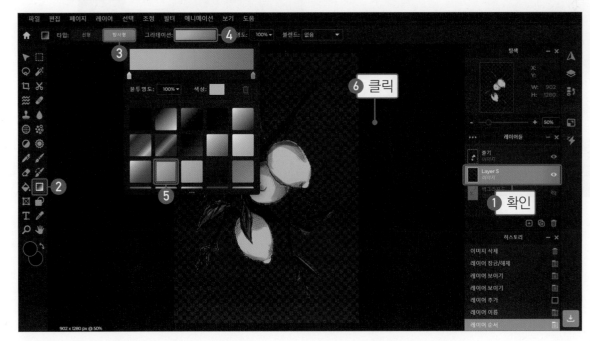

실습하는 중에 취소나 삭제를 실행했을 경우 레이어 번호가 다르게 생성됩니다.

02 이미지의 **오른쪽 위에서 왼쪽 아래로 드래그**하여 그라데이션을 채웁니다.

03 레이어들 패널의 **'줄기'** 레이어를 선택하고 [복제하기(⬚)]를 클릭하여 '줄기 복사' 레이어를 생성합니다.

04 메뉴에서 [필터]–[상세 정보]–[블러]를 선택한 후 [블러] 대화상자가 나타나면 **값을 '100'** 으로 **설정**하고 [적용] 버튼을 클릭합니다.

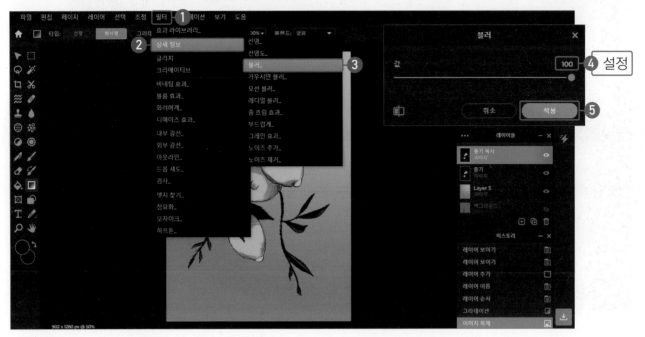

05 레이어들 패널에서 **'줄기 복사'** 레이어를 **'줄기'** 레이어 아래로 드래그하여 순서를 변경합니다.

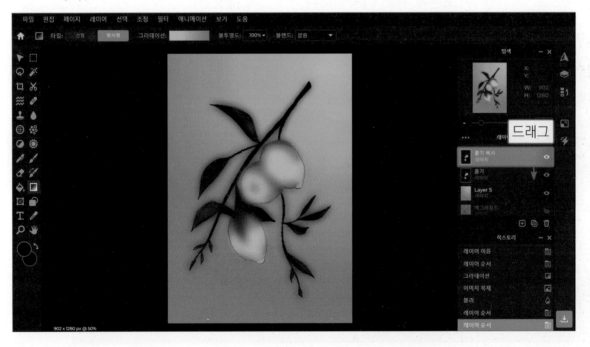

06 '줄기' 레이어를 선택한 후 메뉴에서 [레이어]-[아래 레이어와 병합]을 선택합니다.

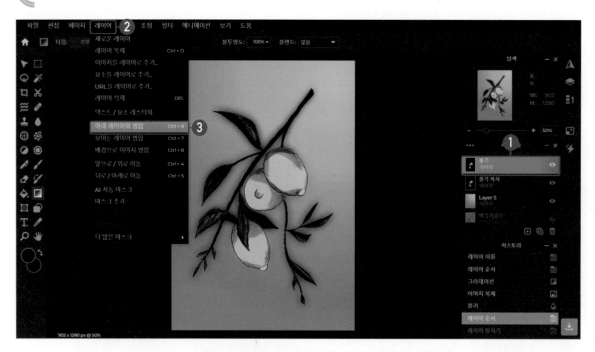

07 탐색 패널에서 **보기 비율**을 '35%'로 설정하고 도구 패널에서 [순서(▶)] 도구를 선택합니다. 사각박스가 표시되면 **사각점을 드래그**하여 크기를 축소하고 **회전점을 드래그**하여 오른쪽으로 회전한 후 **오른쪽 위로 이동**합니다.

08 '줄기' 레이어를 선택하고 [복제하기(📋)]를 클릭하여 '줄기 복사' 레이어를 생성합니다. 사각박스가 표시되면 **사각점을 드래그**하여 이미지를 확대하고 **회전점을 드래그**하여 왼쪽으로 회전한 후 ❻처럼 배치합니다.

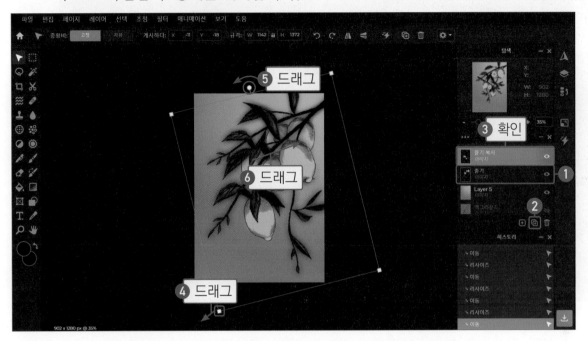

09 레이어들 패널에서 **'줄기' 레이어를 선택**합니다. 도구 패널에서 [흐림 효과/선명 효과/손가락 도구(💧)] 도구를 선택하고, 도구 옵션에서 **브러시는 '150'**, 강도는 **'40'으로 설정**한 후 **드래그**하여 흐리게 합니다.

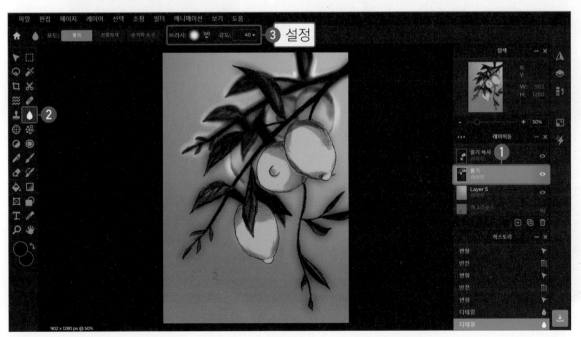

10 메뉴에서 [필터]–[상세 정보]–[블러]를 선택합니다. [블러] 대화상자가 나타나면 **값을 '100'으로 설정**하고 [적용] 버튼을 클릭합니다.

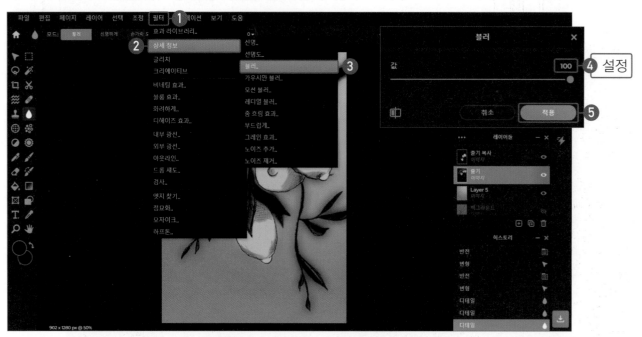

11 레이어들 패널에서 '줄기 복사' 레이어를 선택하여 활성화합니다. 도구 패널에서 [닷지/번(◐)] 도구를 선택하고, 도구 옵션에서 [하이라이트], 브러시는 '100', 강도는 '20'으로 설정한 후 그림에서 **하이라이트할 부분을 드래그**하여 강조합니다.

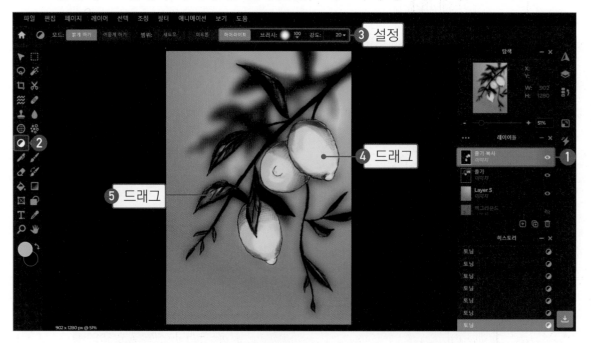

12 [저장] 버튼을 클릭하여 [이미지 저장] 대화상자가 나타나면 **파일 이름은 '레몬트리–완성', 파일 형식은 '*.pxz' 파일로 저장**합니다.

준비파일 바둑이.jpg

1 '바둑이.jpg' 파일을 불러와 배경을 제거하고 '백그라운드' 레이어를 복사합니다.

2 '백그라운드 복사' 레이어에 자유롭게 색을 채워 봅니다.

> 참고 그림에서 사용한 색상은 황색(#B88008), 갈색(#362302), 회색(#A7A7A7), 빨간색(#ED181E)입니다.

3 강아지에 명암을 적용해 봅니다. '백그라운드' 레이어를 맨 위로 올리고 블랜드 모드를 '어둡게 하기'로 적용해 봅니다.

힌트! 도구 패널에서 [닷지/번(⊙)] 도구을 선택하고, 도구 옵션에서 [밝게 하기]와 [어둡게 하기]를 이용하여 명암을 적용합니다.

4 빈 레이어를 생성하고 그라데이션을 적용한 후 구름, 잔디를 그려 완성합니다.

힌트! 도구 패널에서 [펜(✎)] 도구를 선택하고, 도구 옵션에서 다르게는 '스케치', 규격은 '5'로 설정한 후 구름과 잔디를 그립니다.

카드뉴스 만들기

학습 포인트

- [도형] 도구 사용하기
- [텍스트] 도구 사용하기
- 필터를 이용하여 네온 효과 만들기

[프레임/이미지 홀더] 도구와 [도형] 도구, [텍스트] 도구를 알아봅니다. 이미지의 크기를 카드뉴스 크기로 변경한 후 도형과 텍스트를 삽입하고 배치하면서 관련된 다양한 기능을 익혀보겠습니다.

◉ 준비파일 : 비행기.jpg
◉ 완성파일 : 비행기-완성.pxz

Step 01   [도형] 도구와 [텍스트] 도구 알아보기

1 [프레임/이미지 홀더(⊠)] 도구 : 제공되는 다양한 모양의 도형 안에 이미지를 넣을 수 있고 재배치할 수 있습니다.

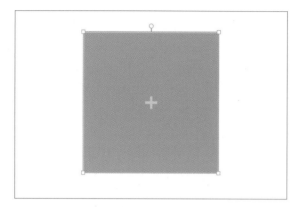

▲ 도구 옵션의 [프레임 추가]를 클릭

▲ [이미지 설정]을 클릭하고 이미지 삽입

▲ 다양한 도형에 이미지 삽입

▲ [스타일]을 적용

2 [도형(⬡)] 도구 : 도구 옵션에서 [디자인]을 설정하고 도형을 만들면 벡터 속성의 '도형' 레이어가 생성됩니다. [그리기]를 설정하고 그리려면 '비움' 레이어를 생성하고 도형을 만들거나 일반 레이어를 선택하고 도형을 생성합니다. 도구 옵션에서 다양한 도형(사각형, 원, 삼각형, 별, 하트, 선)을 선택하고 드래그하여 그립니다.

▲ [디자인]의 [칠하기]에서 색상 적용

▲ [그라데이션] 및 [패턴] 적용

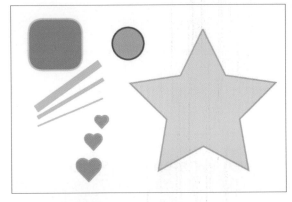

▲ [그리기]의 [칠하기] 활성화

▲ [그리기]의 [칠하기] 비활성화

③ [텍스트(🆃)] 도구 : 텍스트를 입력하면 벡터 속성의 텍스트 레이어가 생성됩니다. 벡터 속성의 텍스트 레이어에서는 [조정], [필터] 기능을 사용할 수 없으나 메뉴에서 [레이어]−[텍스트/요소 레스터화]를 선택하여 픽셀 속성의 일반 레이어로 변경하면 사용할 수 있습니다.

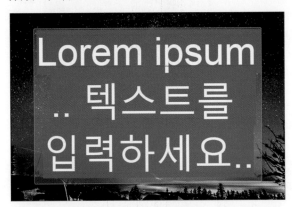

▲ 도구 옵션의 [텍스트 추가]를 클릭

▲ 입력

▲ [편집]을 클릭하고 텍스트 수정

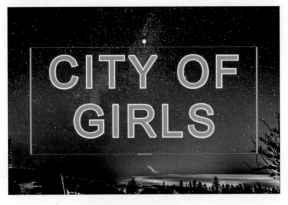

▲ [포맷]과 [스타일]을 설정

Step 01 카드뉴스 배경 만들기

01 [Pixlr E]를 실행한 후 [이미지 열기]를 선택해 '비행기.jpg' 파일을 불러옵니다. Quicklink 바에서 [Smart resize]를 클릭합니다.

① '비행기.jpg' 불러오기

메뉴에서 [페이지]–[Smart resize]를 선택해도 됩니다.

02 [Smart resize] 대화상자가 나타나면 [Lock proportions]를 클릭한 후 **가로**를 '900', **세로**를 '900'으로 설정합니다. [규격]을 선택하고 [앵커]를 그림처럼 **왼쪽으로 변경**한 후 [적용] 버튼을 클릭하여 카드뉴스 크기로 변경합니다.

03 도구 패널에서 **[올가미로 선택(◎)] 도구를 선택**하고, 도구 옵션은 기본값인 상태에서 **비행기 주변을 드래그**하여 선택합니다.

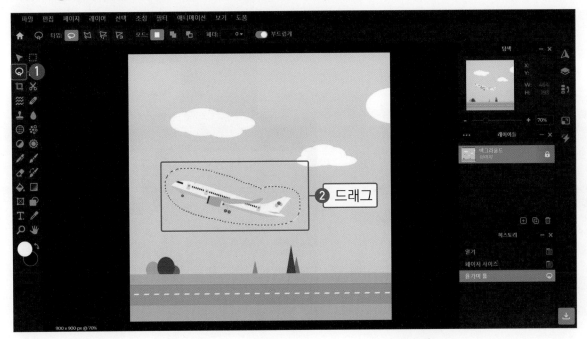

04 도구 패널에서 **[순서(▶)] 도구를 선택**한 후 **선택 영역을 드래그**하여 그림처럼 중앙으로 이동합니다.

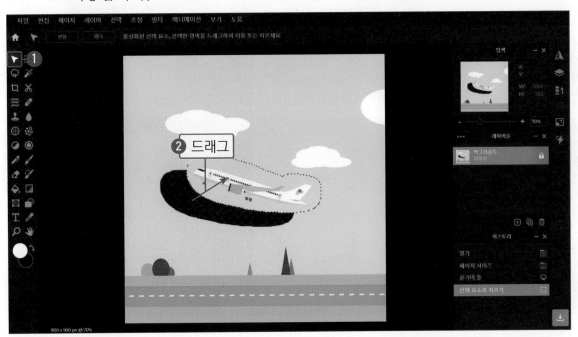

05 전경색을 선택한 후 [스포이트] 대화상자가 나타나면 이미지에서 **푸른 배경색을 클릭**하여 색상을 추출한 후 **[OK] 버튼을 클릭**합니다. Ctrl+D 키를 눌러 선택 영역을 해제합니다.

06 도구 패널에서 **[칠하기(◈)]** 도구를 선택한 후 **빈 곳을 클릭**하여 색상을 채웁니다.

07 도구 패널에서 [그리기(✎)] 도구를 선택한 후 미처 **채워지지 않은 빈 곳을 드래그**하여 메꿉니다.

08 전경색을 흰색으로 설정한 후 도구 패널에서 [도형(▣)] 도구를 선택합니다. 도구 옵션에서 [그리기], [둥근 직사각형(▣)], 아웃라인을 '5', 반경을 '30', [칠하기]는 비활성화 상태로 설정한 후 **왼쪽 위에서 오른쪽 아래로 드래그**하여 둥근 사각형의 테두리를 만듭니다.

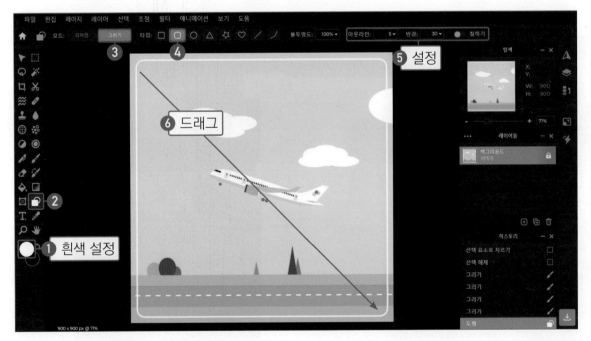

01 메뉴에서 **[레이어]-[새로운 레이어]를 선택**하여 'Layer 2'를 생성합니다.

02 도구 옵션에서 **[원(○)], 아웃라인을 '50'으로 설정**한 후 Shift 키를 누른 채 **드래그**하여 그림처럼 정원을 만듭니다.

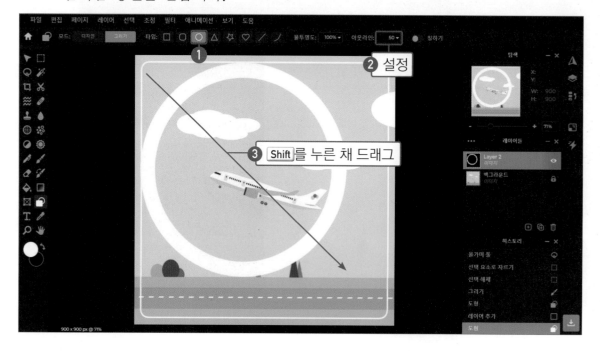

03 도구 패널에서 [순서(▶)] 도구를 선택한 후 **원을 드래그하여 가로세로 중앙으로 이동**하면 정중앙을 나타내는 가이드가 보입니다. 이때 중앙에 맞게 위치시킵니다.

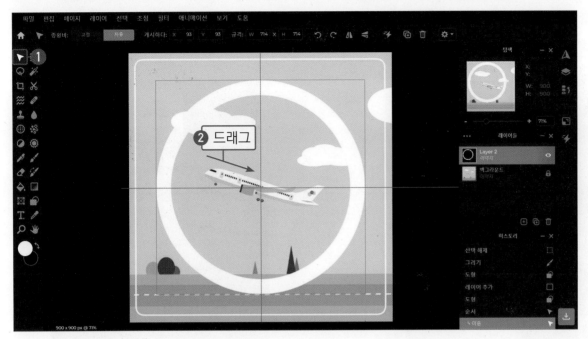

04 메뉴에서 [편집]–[획]을 선택합니다. [획/아웃라인] 대화상자가 나타나면 색상을 '**흰색 (#FFFFFF)**', **규격을 '35'로 설정**하고 [적용] 버튼을 클릭합니다.

05 메뉴에서 **[필터]-[외부 광선]을 선택**합니다. [외부 광선] 대화상자가 나타나면 **색상을 '파란색(#0AADFF)', 규격을 '15px', 페더를 '50%', 불투명도를 '20%'로** 설정하고 **[적용]** 버튼을 클릭합니다.

06 메뉴에서 **[필터]-[외부 광선]을 선택**합니다. [외부 광선] 대화상자가 나타나면 **색상을 '분홍색(#FF87EB)', 규격을 '15px', 페더를 '50%', 불투명도를 '30%'로** 설정하고 **[적용]** 버튼을 클릭합니다.

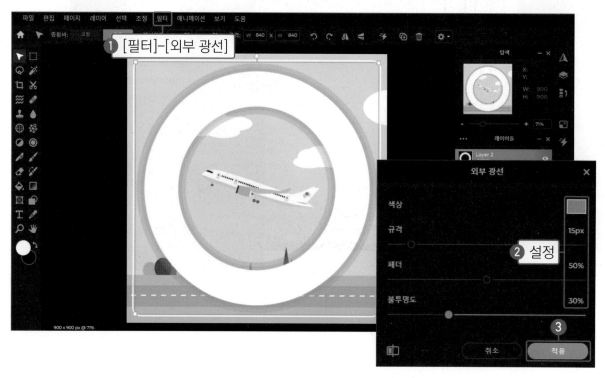

01 도구 패널에서 **[텍스트(T)] 도구를 선택**한 후 도구 옵션에서 **[텍스트 추가]를 클릭**합니다.

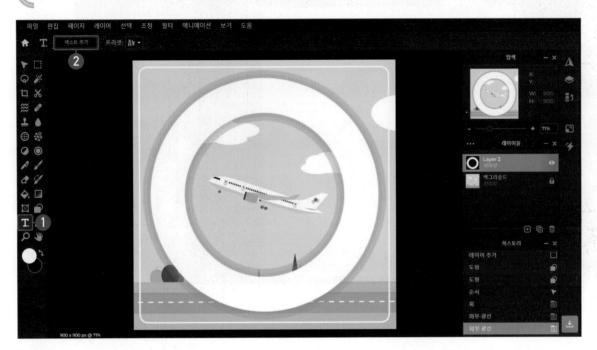

02 그림처럼 입력란이 나타나는 것을 확인할 수 있습니다.

03 'WELCOME TO KOREA'를 **입력**한 후 도구 옵션에서 **폰트는 'Adolfine', 칠하기는 '파란색 (#0AADFF)', 규격은 '60'으로 설정**합니다.

04 도구 옵션에서 **[포맷]을 선택**하여 [포맷] 대화상자가 나타나면 **글자 간격을 '70'으로 설정** 합니다. **[스타일]을 선택**하여 [스타일] 대화상자가 나타나면 **[커브]를 클릭**하여 활성화하 고 **[원]을 선택**한 후 그림처럼 **텍스트를 드래그**하여 원에 맞추어 배치합니다.

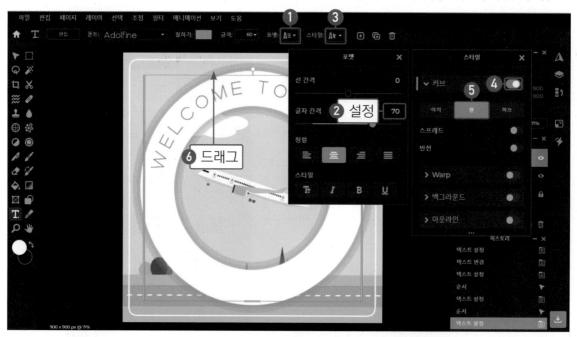

05 메뉴에서 [레이어]-[레이어 복제]를 선택하고, 도구 옵션에서 [스타일]을 선택한 후 [스타일] 대화상자가 나타나면 [반전]을 클릭합니다.

06 도구 옵션에서 [편집]을 선택한 후 'IT'S TIME TO TRAVEL'을 입력합니다.

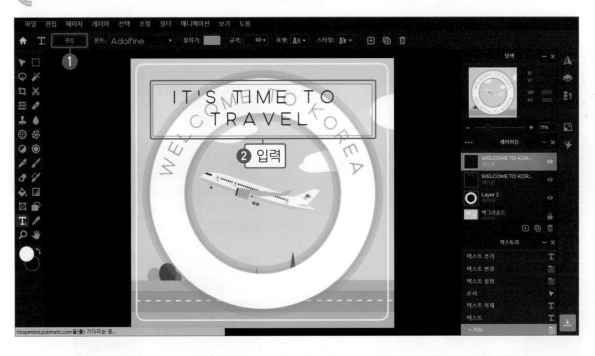

07 **배경을 클릭**하면 입력한 텍스트가 그림처럼 원 모양으로 이동됩니다.

08 레이어를 같이 이동하기 위해 Shift 키를 누른 채 'WELCOME~' 레이어와 'Layer 2' 레이어를 선택해 3개의 레이어를 선택한 후 [Link(🔗)]를 클릭합니다. 사각박스의 **사각점**을 드래그하여 그림처럼 축소합니다.

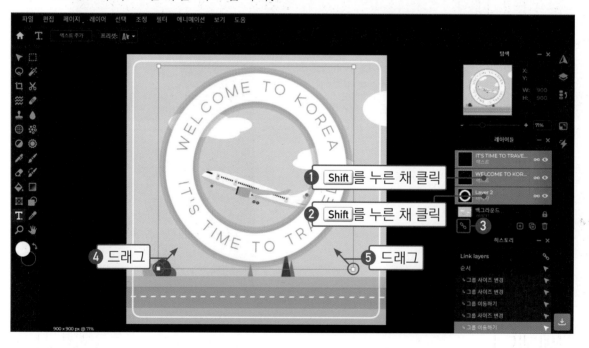

09 메뉴에서 [레이어]-[새로운 레이어]를 선택한 후 전경색을 파란색(#0AADFF)으로 설정합니다. 도구 패널에서 [도형(⬛)] 도구를 선택하고, 도구 옵션에서 [그리기], [하트(♡)], 아웃라인을 '3'으로 설정한 후 드래그하여 하트 모양을 만듭니다.

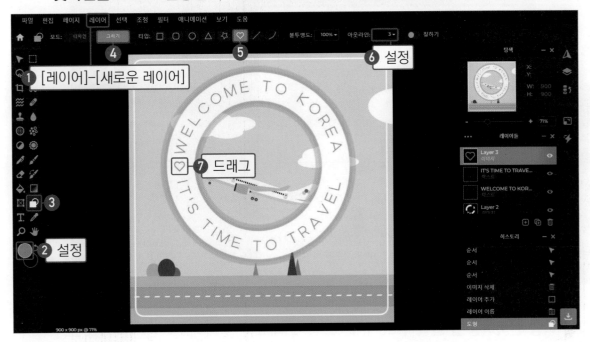

10 도구 패널에서 [순서(▶)] 도구를 선택한 후 Alt 키를 누른 채 드래그하여 하트 모양을 복사합니다.

11 도구 패널에서 [텍스트(T)] 도구를 선택하고, 도구 옵션에서 [텍스트 추가]를 선택합니다.

12 '감성 여행 한국여행'을 입력하고 사각박스를 드래그하여 아래로 이동합니다. 도구 옵션에서 규격을 '80'으로 설정합니다.

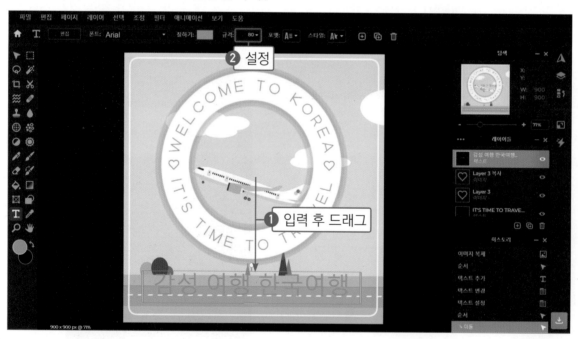

01 도구 옵션에서 **[칠하기]를 선택**하여 [칠하기] 대화상자가 나타나면 **[그라데이션]을 선택**하고 **오른쪽 스톱을 클릭**한 후 색상을 **'분홍색(#FF87EB)'으로 설정**합니다. [포맷]을 선택하여 [포맷] 대화상자가 나타나면 **[굵기]를 설정**합니다.

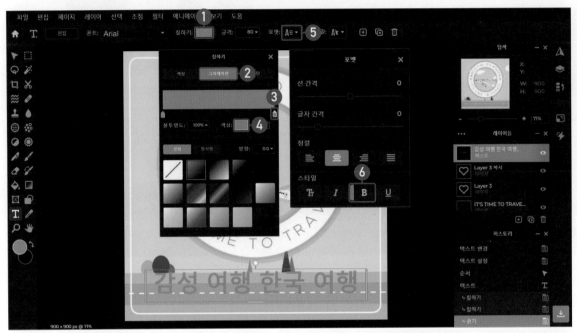

02 도구 옵션에서 **[스타일]을 선택**하여 [스타일] 대화상자가 나타나면 ●●●를 아래로 드래그하여 확장한 후 **[그림자]를 클릭**하고 **불투명도를 '100'으로 설정**합니다. **[아웃라인]을 클릭**하고 **규격을 '30'으로 설정**한 후 Enter 키를 누릅니다.

03 메뉴에서 [파일]-[요소 탐색]을 선택하여 [요소 추가] 대화상자가 나타나면 [도형]을 클릭합니다. 대화상자가 변경되면 [ABSTRACT]를 선택하고, 다시 대화상자가 변경되면 두 번째 요소를 선택한 후 [닫기] 버튼을 클릭합니다.

04 요소 이미지가 삽입된 완성 이미지를 확인합니다.

05 [저장] 버튼을 클릭하여 [이미지 저장] 대화상자가 나타나면 파일 이름은 '비행기-완성', 파일 형식은 '*.pxz' 파일로 저장합니다.

준비파일 도시.jpg

1 '도시.jpg' 파일을 불러온 후 카드뉴스 사이즈로 변경해 봅니다. 빈 레이어를 생성하고 [도형(🔳)] 도구를 선택한 후 [그리기]를 이용하여 그림처럼 원을 만들어 봅니다.

> 힌트
> • Quicklink 바에서 [Smart resize]를 클릭하여 가로를 '900', 세로를 '900'으로 변경합니다.
> • 도구 옵션에서 [원], 아웃라인을 '50'으로 설정합니다.

2 메뉴의 [편집]–[획]을 이용하여 원의 두께를 두껍게 만들어 봅니다. 외부 광선을 이용하여 두 번째 이미지처럼 효과를 적용해 봅니다.

 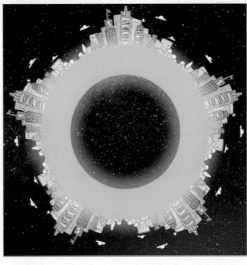

> 힌트
> • 메뉴에서 [편집]–[획]을 선택한 후 색상을 '연두색(#B3F0B3)', 규격을 '30'으로 설정합니다.
> • [필터]의 [외부 광선]을 선택한 후 규격을 '70%', 페더를 '100%', 불투명도를 '50%'로 설정합니다.

3 '동네방네 걷기운동', '동네방네 소문내기' 텍스트를 파란색(#6EB1FF)으로 그림과 같이 입력한 후 하트 도형을 그려 봅니다.

힌트
- '동네방네 걷기운동' 텍스트는 도구 옵션에서 [포맷]의 글자 간격을 '70', [스타일]에서 [커브]와 [원]을 설정합니다.
- 텍스트 레이어를 복제해 '동네방네 소문내기'로 변경한 후 도구 옵션에서 [스타일]을 클릭하여 [반전]을 설정합니다.

4 텍스트에 그림자, 아웃라인 효과를 그림처럼 적용해 봅니다.

힌트
도구 패널에서 [텍스트 T] 도구를 선택한 후 도구 옵션에서 [스타일]의 그림자, 아웃라인을 설정합니다.

06 이미지 합성하기

학습 포인트

- 마스크 이해하기
- [오리기/마스크] 도구 사용하기
- [마술봉으로 마스크 그리기], [마스크 그리기], [라쏘 올가미로 마스크 그리기], [그라데이션 마스크] 사용하기

마스크가 무엇인지 알아보고 [오리기/마스크] 도구의 사용법을 살펴봅니다. 새의 날개, 소의 뿔, 백마 이미지를 부분적으로 선택하고 합성해 보면서 상상 속의 동물 유니콘을 만들어 보겠습니다.

ⓞ 준비파일 : 오로라.jpg, 달.jpg, 백마.jpg, 비둘기.jpg, 황소.jpg
ⓞ 완성파일 : 오로라-완성.pxz

Step 01 [자르기] 도구 알아보기

① [자르기(⊡)] 도구 : 자유롭게, 비율대로 또는 도구 옵션에서 입력값을 설정하여 자르거나 재단하고 캔버스의 수평을 맞춥니다.

▲ 원본

▲ 자르기 실행

② 도구 옵션에서 [수평 조절]을 선택해 각도를 조절하여 수평을 맞춥니다.

▲ 원본

▲ 자르기 도구(⊡)의 [수평 조절] 실행

Step 02 [오리기/마스크] 도구 알아보기

마스크(Mask)는 이미지를 가리는 기능으로 실제로 지워진 것은 아니므로 복구할 수 있습니다. 칠해지는 농도에 의해 점진적으로 이미지를 나타내거나 사라지게 할 수 있어 자연스러운 합성에 유리합니다.

[오리기/마스크(✄)] 도구의 도구 옵션에는 ▧ AI 자동, [도형으로 마스크 그리기(▣)], [마술봉으로 마스크 그리기(✎)], [마스크 그리기(✏)], [라쏘 올가미로 마스크 그리기(◠)], [그라데이션 마스크 그리기(▦)]의 여섯 가지 툴이 있으며 이를 사용하여 마스크 이미지를 만들거나 수정할 수 있습니다.

① [오리기/마스크(✂)] 도구 : 영역 마스크, 배경 제거, 요소 오려내기 또는 각 레이어를 자르거나 재단합니다.

▲ 원본

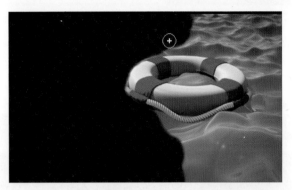

▲ [마스크 그리기(✏)] 사용하기

② AI 자동 : 도구 옵션에서 AI 자동 을 선택하거나 메뉴에서 [레이어]-[AI 자동 마스크]를 선택합니다. 배경과 구별이 쉬운 메인 이미지를 한 번의 클릭만으로 배경에서 추출할 수 있습니다. 이전 버전에는 [AI 자동]이 프리미엄 기능이었지만, 최신 버전에서는 무료로 사용할 수 있게 되었습니다.

▲ 원본

▲ [AI 자동]으로 배경 제거

③ 도구 옵션에서 [오리기에 추가하기(🔲)], [오리기에서 제외하기(🔲)]를 선택하여 마스크를 추가하거나 제외할 수 있습니다.

▲ [오리기에 추가하기(🔲)]로 배경 제거

▲ [오리기에서 제외하기(🔲)]로 이미지 나타내기

•••••
Step 01 달 합성하기

01 '오로라.jpg'와 '달.jpg' 파일을 불러옵니다. '달.jpg'의 제목 표시줄을 클릭합니다.

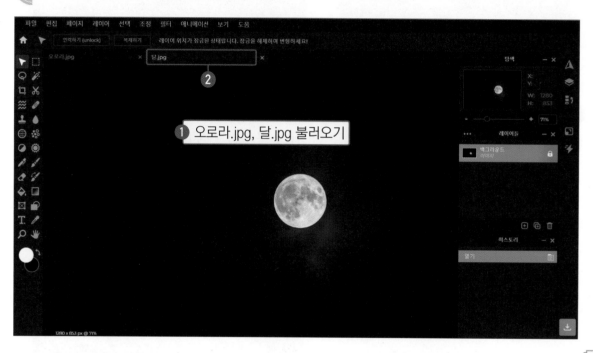

꿀팁 [열기] 대화상자에서 '달.jpg' 파일을 선택하고 Ctrl 키를 누른 채 '오로라.jpg' 파일을 선택하면 떨어진 파일을 한 번에 불러올 수 있습니다. 연속된 파일을 여러 개 선택할 때는 Shift 키를 이용합니다.

02 도구 패널에서 [기본 선택(⬚)] 도구를 선택하고, 도구 옵션에서 [타원(◯)]을 설정한 후 Shift 키를 누른 채 드래그하여 달을 선택합니다. Ctrl + C 키를 눌러 복사합니다.

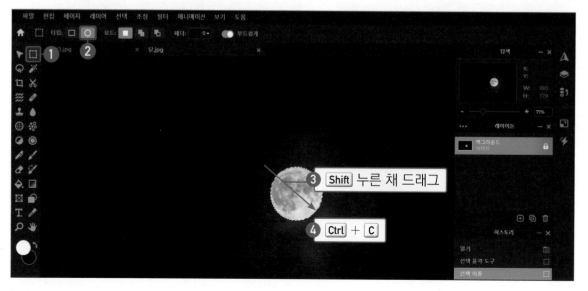

03 '오로라.jpg'의 제목 표시줄을 클릭하여 활성화한 후 메뉴에서 [편집]-[붙여넣기]를 선택하여 이미지를 붙여넣습니다.

04 도구 패널에서 [순서( )] 도구를 선택한 후 사각점을 드래그하여 확대하고 마우스 포인터를 사각박스 안쪽으로 이동하여 오른쪽 위로 드래그합니다.

05 도구 패널에서 [오리기/마스크(✂)] 도구를 선택하고, 도구 옵션에서 [그라데이션 마스크 (▨)]를 설정합니다. **달 이미지를 드래그**하면 그라데이션의 농도에 따라 마스크가 적용되어 달의 일부가 서서히 가려집니다.

Step 02 **백마 선택하기**

01 메뉴에서 [파일]-[이미지 열기]를 선택해 '백마.jpg' 파일을 불러옵니다. 도구 패널에서 [오리기/마스크(✂)] 도구를 선택하고, 도구 옵션에서 [마술봉으로 마스크 그리기(🔎)], [오리기에서 제외하기(🔲)]를 설정한 후 **배경의 왼쪽 위를 클릭**합니다. 마스크가 적용되어 선택한 부분이 가려집니다.

02 배경의 왼쪽 아래 흰색을 클릭하여 배경을 가립니다.

참고 [오리기/마스크(✂)] 도구를 선택하고, 도구 옵션에서 [AI 자동]을 선택해도 됩니다.

03 도구 옵션에서 **[라쏘 올가미로 마스크 그리기(◌)]**를 설정한 후 배경에서 **제외할 부분을 드래그**합니다.

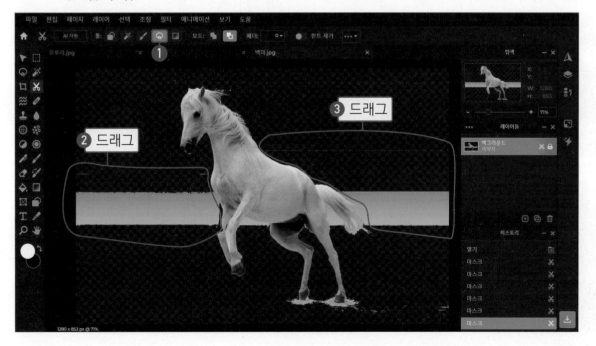

04 세세한 부분을 작업하기 위해 탐색 패널에서 **보기 비율을 '120%'로 설정**합니다. 섬네일의 **빨간 테두리를 오른쪽 아래로 드래그**하여 백마의 하체가 보이도록 합니다. **제외할 부분을 드래그**하여 백마만 선택되도록 합니다.

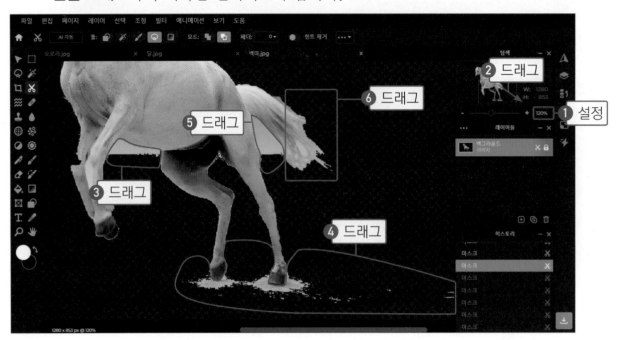

05 탐색 패널에서 섬네일의 **빨간 테두리를 왼쪽 위로 드래그**하여 백마의 상체가 보이게 합니다. 도구 옵션에서 **[오리기에 추가하기(▣)]를 설정**한 후 백마에서 **지워진 부분을 드래그**하면서 복구합니다.

06 도구 옵션에서 [라쏘 올가미로 마스크 그리기(◎)], [오리기에서 제외하기(◪)]를 설정한 후 미처 **지워지지 않은 부분을 드래그**하여 깔끔하게 선택합니다.

실수하여 이미지가 지워진 부분은 [오리기에 추가하기(◪)]를 선택하여 드래그하고, 지울 부분은 [오리기에서 제외하기(◪)]를 사용하여 드래그하면서 선택합니다.

07 메뉴에서 **[보기]-[화면 크기에 맞게 조정]을 선택**하여 이미지가 모두 보이게 합니다.

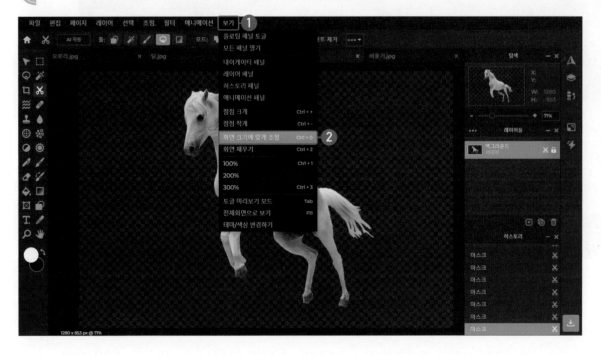

08 도구 옵션에서 ░░░를 클릭하여 **[마스크 선택 요소로 전환]**을 선택합니다. `Ctrl`+`C` 키를 눌러 클립보드에 복사합니다.

09 '오로라.jpg'의 제목 표시줄을 클릭하여 활성화한 후 `Ctrl`+`V` 키를 눌러 복사한 이미지를 붙여넣습니다.

이미지를 붙여넣기할 때 메뉴에서 [편집]-[붙여넣기]를 이용하면 'clipboard' 레이어로 생성되고, `Ctrl`+`V` 단축키를 이용하면 'image.png' 레이어로 생성됩니다. 이미지상으로 차이는 없습니다.

10 도구 패널에서 [순서(▶)] 도구를 선택한 후 **사각점을 드래그**하여 이미지를 축소하고 **사 각박스를 드래그**하여 중앙으로 이동합니다.

01 메뉴에서 [파일]-[이미지 열기]를 선택해 '비둘기.jpg' 파일을 불러옵니다. 도구 패널에서 [오리기/마스크(✂)] 도구를 선택하고, 도구 옵션에서 [마술봉으로 마스크 그리기(✎)], [오리기에 추가하기(■)]를 설정한 후 **왼쪽 날개 끝을 클릭**합니다.

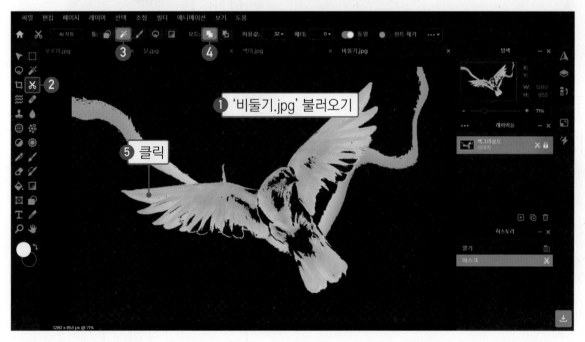

02 도구 옵션에서 [마스크 그리기(✏)]를 설정하고 **왼쪽 날개에 포함되지 않은 영역을 드래그**합니다.

> 왼쪽 날개만 복사해 사용할 것이기 때문에 왼쪽 날개만 드래그하여 선택합니다.

03 도구 옵션에서 [라쏘 올가미로 마스크 그리기(◯)], [오리기에서 제외하기(🔲)]를 설정한 후 **왼쪽 날개 외에 지울 부분을 드래그**합니다.

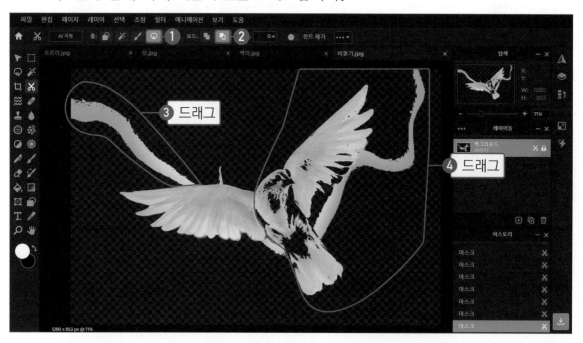

04 도구 옵션에서 ████를 클릭하여 [마스크 선택 요소로 전환]을 선택합니다. Ctrl + C 키를 눌러 복사합니다.

Step **04** 유니콘에 날개 달기

01 '오로라.jpg'의 제목 표시줄을 클릭하여 활성화한 후 메뉴에서 [편집]-[붙여넣기]를 선택합니다. 레이어들 패널에 'clipboard' 레이어가 생성되었습니다.

02 도구 패널에서 [순서(▶)] 도구를 선택한 후 마우스 포인터를 사각박스 안쪽으로 이동하여 **왼쪽 위로 드래그**하여 이동하고 **사각점을 드래그**하여 크기를 축소합니다. 레이어들 패널에서 'clipboard' 레이어를 한 단계 아래로 드래그합니다.

03 도구 옵션에서 [복제하기(⬚)], [좌우 반전(◁▷)]을 설정합니다. 좌우 반전된 'clipboard 복사' 레이어를 **드래그**하여 순서를 맨 위로 변경하고 **날개를 드래그**하여 위치를 이동한 후 회전하여 자연스럽게 배치합니다.

04 오른쪽 날개의 시작 부분을 자연스럽게 보이기 위해 도구 패널에서 [오리기/마스크(✂)] 도구를 선택하고, 도구 옵션에서 [마스크 그리기(🖌)], [오리기에서 제외하기(🔲)], 불투명도를 '30%'로 설정한 후 ❺처럼 드래그합니다.

[오리기에 추가하기(🔲)]를 설정하고 이미지를 드래그하면 다시 나타납니다.

Step 05 유니콘 뿔 달기

01 '황소.jpg' 파일을 불러온 후 탐색 패널에서 **보기 비율을 '180%'로 확대**합니다. 도구 패널에서 [올가미로 선택(◯)] 도구를 선택하고, 도구 옵션에서 [다각형(⬠)], [새로운 선택(🔲)]을 설정한 후 **왼쪽 뿔의 윤곽을 따라 클릭**하면서 선택합니다. Ctrl + C 키를 눌러 복사합니다.

02 '오로라.jpg'의 제목 표시줄을 클릭하여 활성화한 후 메뉴에서 [편집]-[붙여넣기]를 선택하여 복사한 이미지를 붙여넣습니다.

03 도구 패널에서 [순서(▶)] 도구를 선택합니다. 뿔을 드래그하여 이마쪽으로 이동하고 **사각점을 드래그**하여 축소한 후 회전하여 완성합니다.

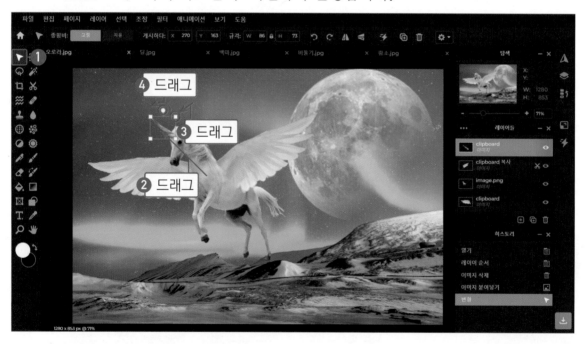

04 [저장] 버튼을 클릭하여 [이미지 저장] 대화상자가 나타나면 **파일 이름은 '오로라-완성', 파일 형식은 '*.pxz' 파일로 저장**합니다.

준비파일 펭귄.jpg, 풍선.jpg, 날개.png

1 '펭귄.jpg' 파일을 불러온 후 도구 패널의 [오리기/마스크(✂)] 도구를 이용하여 배경을 지워 봅니다.

2 마스크를 선택 요소로 전환한 후 선택 영역을 복사해 봅니다.

> **힌트** 도구 옵션에서 ▦를 클릭하여 [마스크 선택 요소로 전환]을 선택합니다.

3 '풍선.jpg' 파일을 불러온 후 **2**에서 복사한 이미지를 붙여넣기 해 봅니다.

4 '날개.png' 파일을 불러옵니다. 날개를 선택하고 복사하여 다음 그림처럼 만든 후 '풍선-완성.pxz' 파일로 저장해 봅니다.

07 사진 이미지에 효과주기

학습 포인트

- [조정] 메뉴 이해하기
- 음식 스냅사진 만들기
- 수채화 이미지 만들기

[조정] 메뉴에 대해 알아보고 다양한 조정 메뉴와 효과를 사진에 적용하여 이미지를 강조해

보겠습니다. 또한, 붓으로 그림을 그린듯한 수채화 느낌의 이미지를 만들어 보겠습니다.

◉ 준비파일 : 스시.jpg, 화병.jpg, 캔버스.jpg, 잉크.jpg
◉ 완성파일 : 스시-완성.jpg, 화병-완성.pxz

Step 01 [조정] 메뉴 알아보기

▲ 조정 메뉴

[조정] 메뉴는 이미지의 색상, 명도, 채도 등을 이용하여 이미지를 조정하여 명령으로 구성되어 있습니다.

① [자동 조정], [밝기 & 대비], [온도 & 틴트], [채도 & 색조] 등의 메뉴를 사용하여 이미지를 보정합니다.

▲ 원본

▲ [채도 & 색조] 대화상자

▲ [채도 & 색조] 적용

② [하이라이트 & 섀도우], [노출] 메뉴는 이미지 일부 영역의 밝기와 어둡기 등을 조절할 수 있습니다.

▲ [하이라이트 & 섀도우] 대화상자

▲ [하이라이트 & 섀도우] 적용

③ [커브], [레벨] 메뉴는 이미지의 Red, Green, Blue 색상을 분리하여 각각 적용할 수 있습니다.

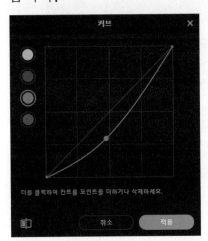
▲ [커브] 대화상자

▲ [커브] 적용

④ [한계값], [포스터화], [채도 감소], [반전] 메뉴는 이미지의 색상을 단순화하거나 채도를 낮추는 등의 메뉴로 구성되어 있습니다.

▲ [포스터화] 대화상자

▲ [포스터화] 적용

• • • •

Step 01　밝기 & 온도 보정하기

01 [Pixlr E]를 실행한 후 [이미지 열기]를 클릭해 '스시.jpg' 파일을 불러옵니다.

02 선명하게 하기 위해 메뉴에서 [조정]-[밝기 & 대비]를 선택합니다. [밝기 & 대비] 대화 상자가 나타나면 **밝기를 '10', 대비를 '20'**으로 설정한 후 [적용] 버튼을 클릭합니다.

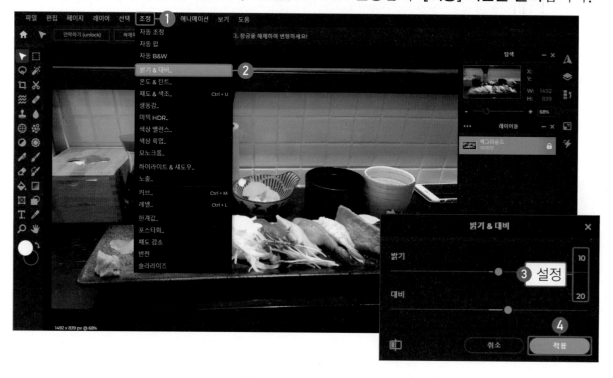

03 따뜻한 분위기를 연출하기 위해 메뉴에서 [조정]–[온도 & 틴트]를 선택합니다. [온도 & 틴트] 대화상자가 나타나면 **온도를 '30'으로 설정**하고 [적용] 버튼을 클릭합니다.

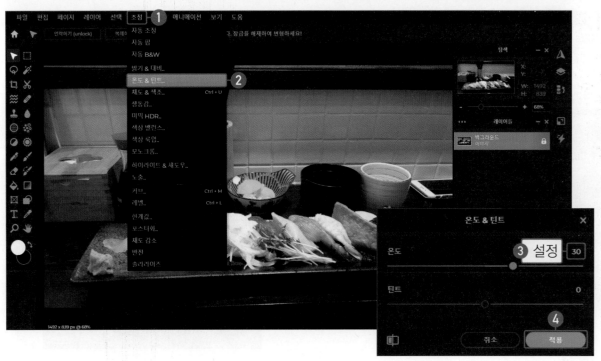

잠깐! 대화상자의 ▣를 클릭하면 필터 적용 전과 적용 후를 비교할 수 있습니다.

Step 02 선명하게 보정하기

01 도구 패널에서 [올가미로 선택(◯)] 도구를 선택하고, 도구 옵션에서 **자유(◯), 새로운 선택(▣), 페더를 '100'으로 설정**합니다. ❺처럼 **메인 이미지를 드래그하여 선택**합니다.

02 메뉴에서 [필터]-[상세 정보]-[선명]을 선택합니다. [선명] 대화상자가 나타나면 **값을 '70'으로 설정**하고 [적용] 버튼을 클릭합니다.

03 선택 영역을 반전시키기 위해 메뉴에서 [선택]-[반전 선택]을 선택합니다.

04 메뉴에서 [필터]-[상세 정보]-[가우시안 블러]를 선택합니다. [가우시안 블러] 대화상자
가 나타나면 **값을 '25'로 설정**하고 [적용] 버튼을 클릭합니다.

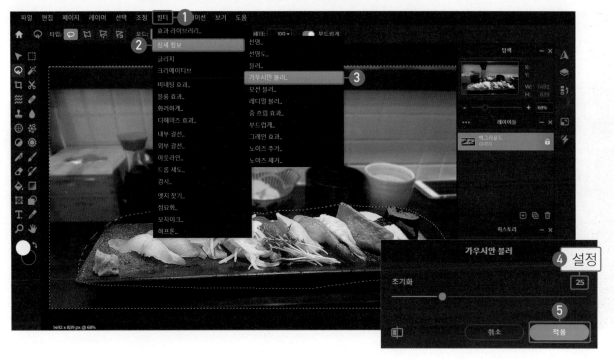

Step 03 음식 강조하기

01 Ctrl+D **키를 눌러 선택을 해제합니다.** 도구 패널에서 [스펀지/색상(◉)] 도구를 선택하고,
도구 옵션에서 [채도]를 설정한 후 음식 이미지를 드래그하여 채도를 증가시킵니다.

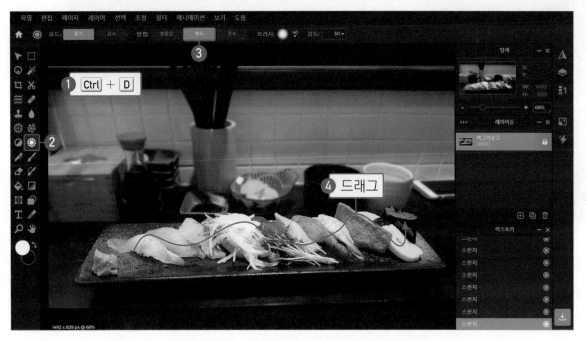

02 도구 패널에서 [흐림 효과/선명 효과/손가락 도구(●)] 도구를 선택하고, 도구 옵션에서 [선명하게]를 설정한 후 음식의 모서리 부분을 드래그하여 윤곽을 선명하게 합니다.

03 도구 패널에서 [닷지/번(●)] 도구를 선택하고, 도구 옵션에서 [어둡게 하기], [미드톤], 브러시 규격을 '250'으로 설정한 후 배경 부분을 드래그하여 어둡게 합니다.

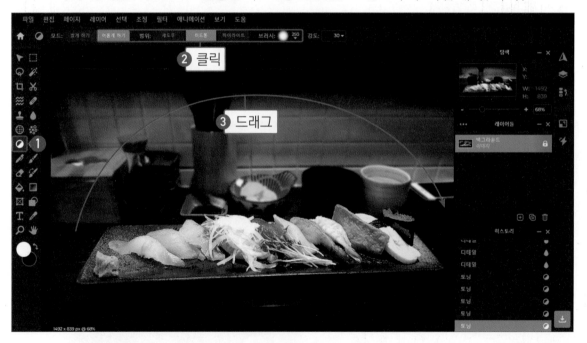

04 [저장] 버튼을 클릭하여 [이미지 저장] 대화상자가 나타나면 **파일명을 '스시-완성.jpg'로 저장**합니다.

01 [Pixlr E]를 실행한 후 [이미지 열기]를 클릭해 '화병.jpg' 파일을 불러옵니다.

02 메뉴에서 [조정]-[생동감]을 선택합니다. [생동감] 대화상자가 나타나면 **값을 '100'으로** 설정하고 [적용] 버튼을 클릭합니다.

01 메뉴에서 [레이어]-[레이어 복제]를 선택합니다. 레이어들 패널에 '백그라운드 복사' 레이어가 생성된 것을 확인합니다.

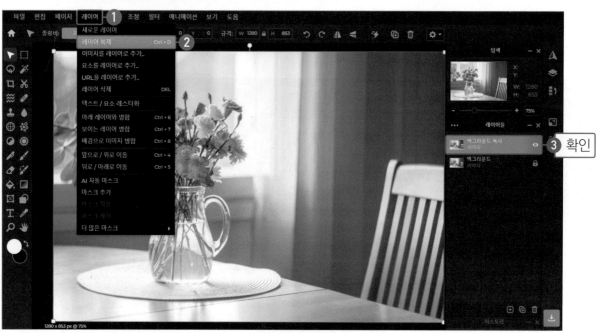

02 메뉴에서 [필터]-[엣지 찾기]를 선택합니다.

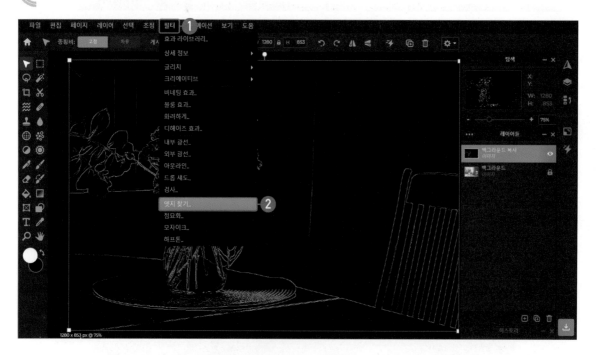

03 메뉴에서 [조정]-[반전]을 선택하여 선화 이미지를 만듭니다.

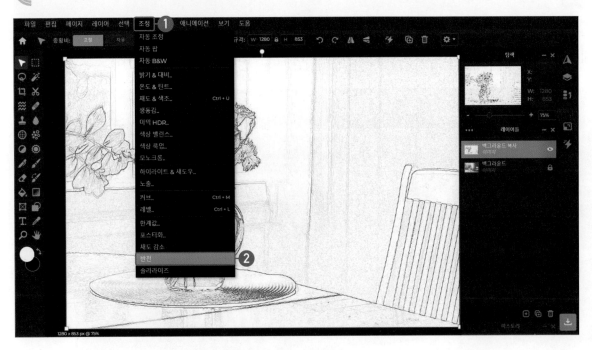

04 레이어들 패널의 [설정(•••)]을 클릭합니다. 파일명을 '엣지'로 입력하고 블랜드 모드를 '곱하기'로 설정한 후 [닫기(×)]를 클릭합니다.

01 레이어들 패널의 [레이어 추가(➕)]로 이동하여 [🖼 이미지]를 선택합니다.

02 [열기] 대화상자가 나타나면 '캔버스.jpg' 파일을 불러옵니다.

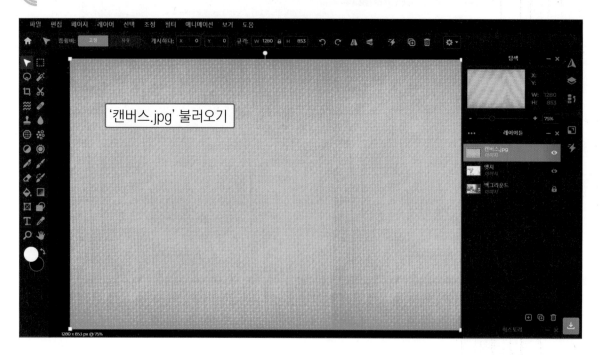

03 색상을 제거하기 위해 메뉴에서 [조정]–[채도 감소]를 선택합니다.

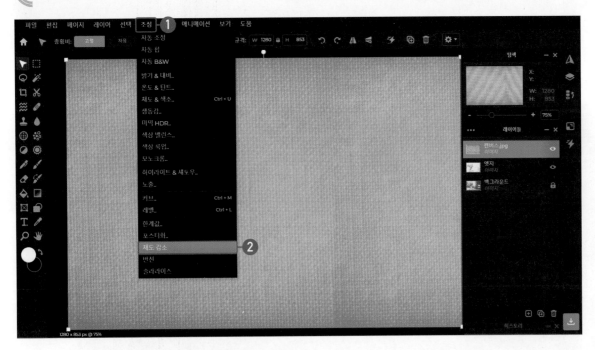

04 레이어들 패널의 [설정(⋯)]을 클릭한 후 블랜드 모드를 '곱하기'로 설정하고 [닫기(✕)]를
클릭합니다.

01 레이어들 패널의 [레이어 추가(➕)]로 이동하여 [🖼 이미지]를 선택한 후 '잉크.jpg' 파일을 불러옵니다. 레이어들 패널에 '잉크.jpg' 레이어가 생성됩니다.

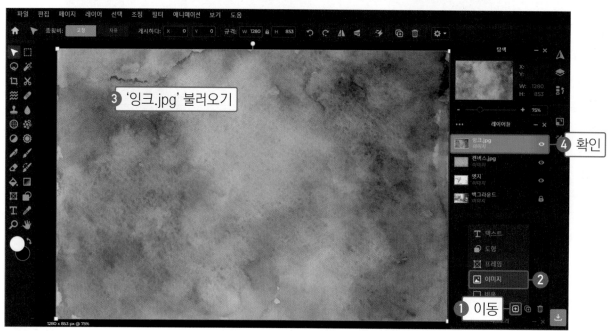

02 레이어들 패널의 [설정(•••)]을 클릭한 후 블랜드 모드를 '오버레이', 불투명도를 '70'으로 설정하고 [닫기(❌)]를 클릭합니다.

03 '캔버스.jpg' 레이어를 선택한 후 메뉴에서 [레이어]-[레이어 복제]를 선택하여 '캔버스.jpg 복사' 레이어를 생성합니다.

04 레이어들 패널의 '캔버스.jpg 복사' 레이어의 눈 아이콘을 클릭하여 '감추기'를 합니다. 메뉴에서 [레이어]-[보이는 레이어 병합]을 선택합니다.

01 메뉴에서 [레이어]–[새로운 레이어]를 선택하여 'Layer 6' 레이어를 생성합니다.

02 전경색이 흰색인 상태에서 도구 패널에서 [칠하기(🔹)] 도구를 선택한 후 캔버스를 클릭하여 칠합니다.

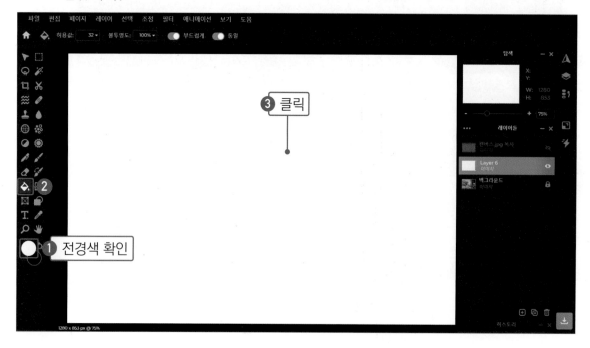

03 도구 패널에서 [오리기/마스크(✂)] 도구를 선택하고, 도구 옵션에서 [마스크 그리기(✏)], [오리기에서 제외하기(⬛)], 브러시는 '200', 불투명도는 '20%'로 설정합니다. 이미지 창을 클릭과 드래그하며 여러 번 덧칠하여 그림처럼 나타나도록 합니다.

마스크의 원리를 이용했기 때문에 칠한 부분은 투명해 아래 이미지가 보이게 됩니다.

04 레이어들 패널의 '캔버스.jpg 복사' 레이어를 선택한 후 눈 아이콘을 클릭하여 '보이기'를 합니다.

05 레이어들 패널의 [설정(***)]을 클릭한 후 **불투명도를 '40'으로 설정**하고 [닫기(☒)]를 클릭합니다.

06 레이어들 패널의 '**백그라운드' 레이어를 선택**한 후 도구 패널에서 [스펀지/색상(◎)] 도구를 **선택**합니다. 도구 옵션에서 [채도]를 **설정**한 후 **꽃이 강조되도록 드래그**해 채도를 높여 완성합니다.

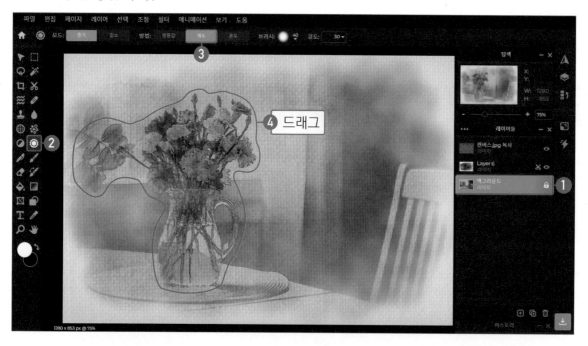

07 [저장] 버튼을 클릭하여 [이미지 저장] 대화상자가 나타나면 [다른 이름으로 저장] 버튼을 클릭합니다. 파일 이름은 '**화병-완성**', 파일 형식은 '***.pxz**'로 저장합니다.

준비파일 새.jpg, 콘크리트.jpg

1 '새.jpg' 파일을 불러온 후 '백그라운드 복사' 레이어를 생성해 봅니다.

2 [엣지 찾기] 메뉴를 적용하고 반전하여 선화 이미지를 만든 후 도구 패널의 [닷지/번 (◉)] 도구를 사용해 선을 어둡게 하여 강조해 봅니다.

힌트! 메뉴에서 [필터]-[엣지 찾기], [조정]-[반전]을 선택합니다.

3 블랜드 모드를 '곱하기'로 설정해 봅니다.

4 '콘크리트.jpg' 파일을 불러온 후 블랜드 모드를 변경해 봅니다.

> **힌트!** 레이어들 패널의 [레이어 추가 ⊞] 버튼으로 이동하여 '콘크리트.jpg' 파일 불러옵니다.

SNS 광고 만들기

학습 포인트

- 필터 배경 만들기
- 필터 적용하기
- 요소 추가하기

필터 메뉴에는 몇 번의 클릭으로 전혀 다른 느낌의 연출할 수 있는 기능들이 있습니다. 필터와 요소 추가하기를 적용해 SNS에 홍보할 수 있는 광고를 만들어 봅니다. 메뉴들을 적용하며 사용법을 익힌 후 새로운 이미지에 맞게 응용해 봅니다.

◉ 준비파일 : 접시.jpg, 포크.jpg
◉ 완성파일 : 파스타-완성.pxz

메뉴바의 [필터] 메뉴는 이미지에 특수한 효과를 연출할 때
사용하는 기능으로 구성되어 있습니다. 단번에 전혀 다른 이
미지의 느낌을 연출할 수 있는 메뉴들을 살펴보겠습니다.

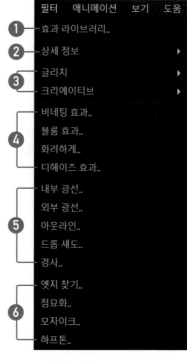

▲ 필터 메뉴

① [효과 라이브러리]를 클릭하면 [효과 라이브러리] 대화상자가 나타나며 이미지 분위기
를 좌우하는 11개의 스타일이 있습니다. 원하는 스타일을 클릭하면 세부적인 하위 목록
이 나타납니다.

▲ [효과 라이브러리] 대화상자

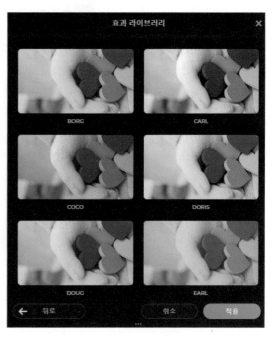

▲ [효과 라이브러리]의 하위 목록

② [상세 정보]를 클릭하면 이미지를 선명하게, 흐리게, 노이즈를 추가하는 등의 하위 메뉴가 나타납니다.

▲ 원본

▲ [상세 정보]–[줌 흐림 효과] 적용

③ [글리치]를 클릭하면 테두리 효과, RGB 스플릿, 스캔라인 등의 하위 메뉴가 나타납니다.

▲ [글리치]–[테두리 효과] 적용

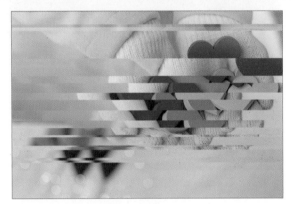
▲ [글리치]–[슬라이스] 적용

④ 이미지에 비네팅 효과, 블룸 효과, 화려하게, 디헤이즈 효과를 적용합니다.

▲ [비네팅 효과] 적용

▲ [블룸 효과] 적용

⑤ 텍스트나 이미지에 내부 광선, 외부 광선, 아웃라인, 드롭 섀도, 경사를 적용합니다.

▲ [외부 광선] 적용

▲ [경사] 적용

⑥ 이미지에 픽셀을 변형하는 엣지 찾기, 점묘화, 모자이크, 하프톤을 적용합니다.

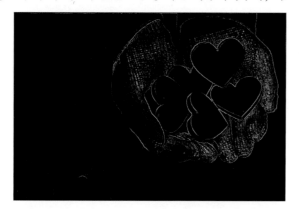

▲ [엣지 찾기] 적용

▲ [점묘화] 적용

▲ [모자이크] 적용

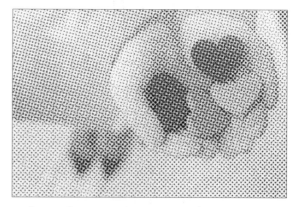

▲ [하프톤] 적용

Step 01 필터 배경 만들기

01 [Pixlr E]를 실행한 후 [신규 생성] 버튼을 클릭하여 대화상자가 나타나면 [추천]의 'SNS 스토리'를 선택하고 파일명에 '파스타'를 입력합니다. [백그라운드]를 클릭하여 활성화한 후 '보라색'을 선택하고 그라데이션 막대의 중간을 클릭하여 '연한 보라색'으로 설정합니다. [생성] 버튼을 클릭합니다.

02 전경색이 검은색인 상태에서 도구 패널의 [그리기(✏)] 도구를 선택한 후 이미지 위에 자유롭게 드래그합니다.

03 메뉴에서 [필터]-[상세 정보]-[모션 블러]를 선택합니다. [모션 블러] 대화상자가 나타나면 **값을 '100', 각도를 '45'로 설정**하고 [적용] 버튼을 클릭합니다.

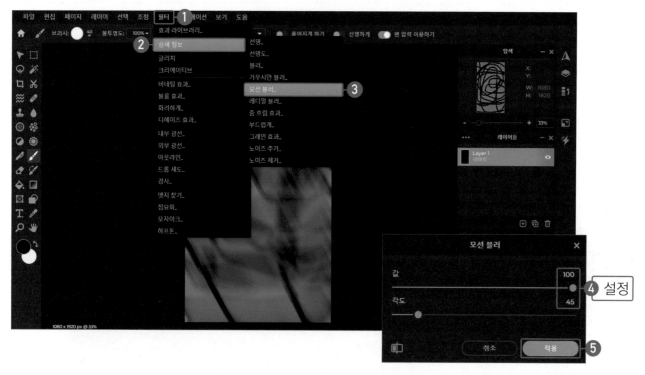

04 메뉴에서 [필터]-[점묘화]를 선택합니다. [점묘화] 대화상자가 나타나면 **값을 '97'로 설정하고 [적용] 버튼을 클릭**합니다.

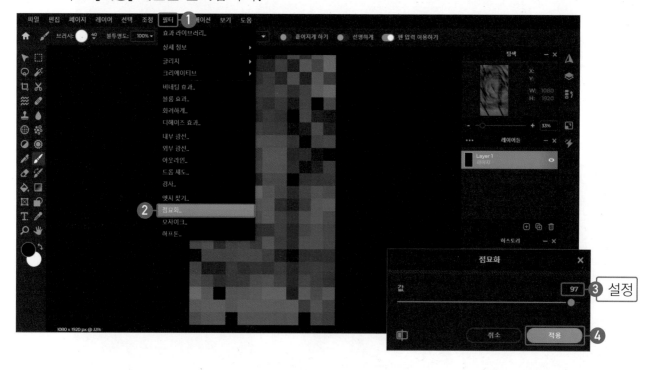

05 메뉴에서 **[레이어]-[배경으로 이미지 병합]**을 **선택**합니다. 레이어들 패널의 'Layer 1' 레이어가 '백그라운드'로 변경됩니다.

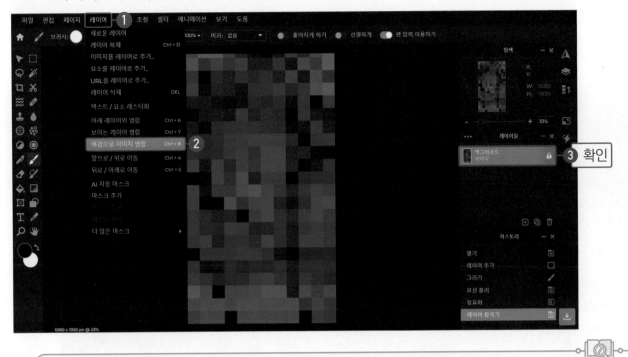

> 저장tip
> '백그라운드'로 변경해야 비네팅 효과가 나타납니다.

06 메뉴에서 **[필터]-[비네팅 효과]**를 **선택**합니다. [비네팅 효과] 대화상자가 나타나면 **값을 '100'으로 설정**하고 **[적용] 버튼**을 **클릭**합니다.

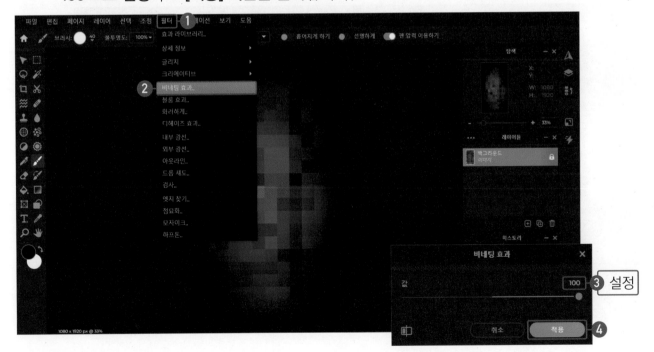

07 메뉴에서 [필터]–[크리에이티브]–[만화경 효과]를 선택합니다. [만화경 효과] 대화상자가 나타나면 **값을 '10', Stretch를 '25%', Position을 '5%'**로 설정하고 **[적용] 버튼을 클릭**합니다.

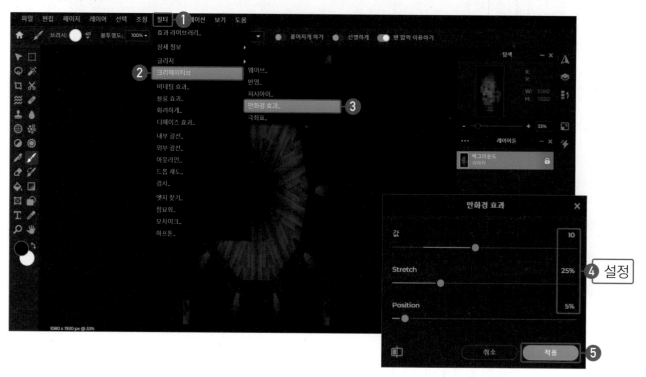

08 도구 패널에서 **[도형(⬟)] 도구를 선택**하고, 도구 옵션에서 **[칠하기]를 클릭**하여 **'연두색 (#B3F0B3)'으로 설정**한 후 Enter **키를 누릅니다.**

09 왼쪽 위에서 오른쪽 아래로 **드래그**하여 사각형을 생성합니다. 레이어들 패널에 '도형 2' 레이어가 생성됩니다.

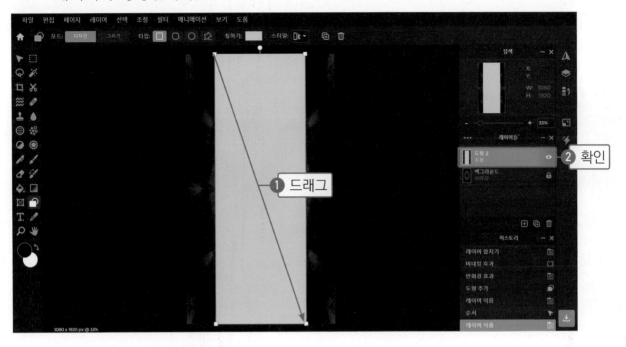

Step 02　음식 메인 이미지 꾸미기

01 메뉴에서 [파일]–[이미지 열기]를 선택해 '접시.jpg' 파일을 불러옵니다.

02 도구 패널에서 [올가미로 선택(◯)] 도구를 선택하고, 도구 옵션의 [다각형(◺)]을 설정한 후 **파스타를 클릭**하여 선택합니다. **Ctrl**+**C** 키를 눌러 복사합니다.

03 '파스타' 제목 표시줄을 클릭하여 활성화한 후 메뉴에서 [편집]–[붙여넣기]를 선택하여 파스타 이미지를 붙여넣습니다. 도구 패널에서 [순서(▶)] 도구를 선택한 후 사각박스가 나타나면 **사각점을 드래그**하여 크기를 축소하고 그림처럼 중앙 아래로 배치합니다.

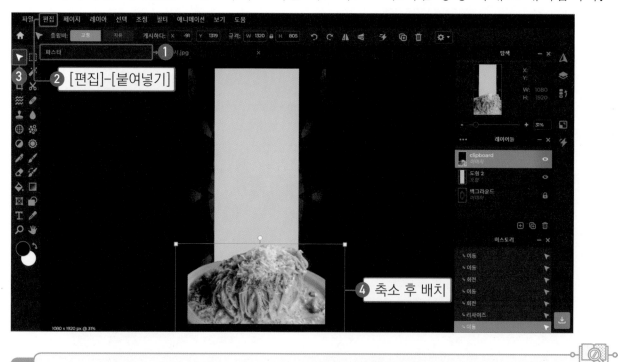

Ctrl+**V** 키를 눌러 붙여넣기 하면 'image.png' 레이어로 생성됩니다.

04 메뉴에서 [조정]-[생동감]을 선택합니다. [생동감] 대화상자가 나타나면 **값을 '100'으로 설정**하고 [적용] 버튼을 클릭합니다.

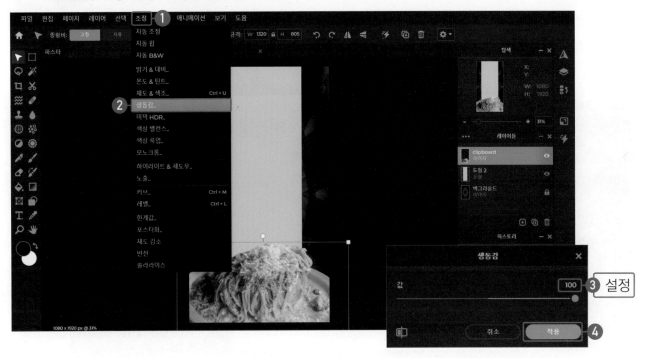

05 메뉴에서 [파일]-[이미지 열기]를 선택해 '포크.jpg' 파일을 불러옵니다. 도구 패널에서 [기본 선택(▣)] 도구를 선택하고 ❸처럼 드래그합니다.

06 도구 패널에서 [마술봉으로 선택(🪄)] 도구를 선택하고, 도구 옵션에서 [선택 제거(⬛)]를 설정한 후 선택 영역에서 **흰 부분(❸~❻)을 클릭**하여 배경을 제거합니다. Ctrl + C 키를 눌러 선택 이미지를 복사합니다.

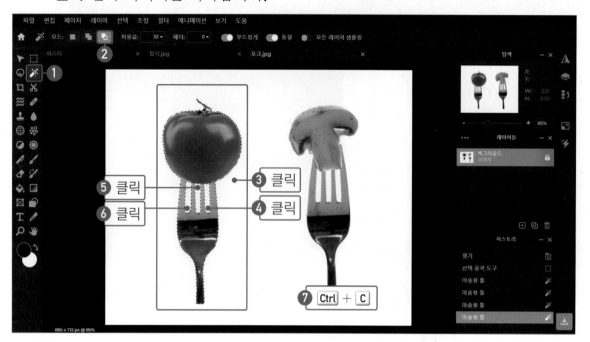

07 '**파스타' 제목 표시줄을 클릭**하여 활성화한 후 메뉴에서 [**편집]–[붙여넣기]를 선택**해 붙여 넣습니다. 레이어들 패널의 'clipboard' 레이어가 생성됩니다. 도구 패널에서 [**순서(▶)**] **도구를 선택**한 후 사각박스가 나타나면 **드래그**하여 그림처럼 축소하고 배치합니다.

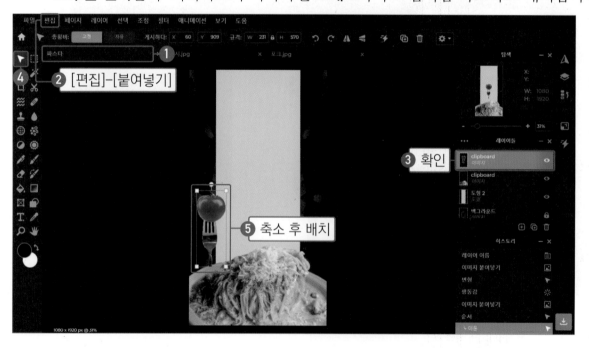

08 메뉴에서 **[편집]-[획..]**을 선택합니다. [획/아웃라인] 대화상자가 나타나면 **색상을 '흰색'** **으로 설정**하고 **[적용] 버튼을 클릭**합니다.

09 **Ctrl**+**5** 키를 눌러 'clipboard' 레이어를 파스타 이미지 아래로 이동시킵니다. 레이어들 패널의 **[설정(•••)]을 클릭**한 후 **파일명을 '토마토'로 입력**하고 **Enter** 키를 누릅니다.

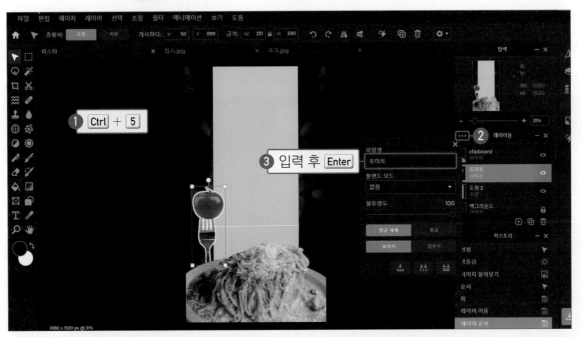

메뉴에서 [레이어]-[뒤로/아래로 이동]을 선택하여 레이어의 순서를 아래로 변경해도 됩니다.

10 05~09번과 같은 방법으로 '포크.jpg' 파일에서 버섯 이미지를 가져와 흰 테두리를 적용하고 그림처럼 배치합니다. 레이어들 패널에서 **파일명을 '버섯'으로 설정**합니다.

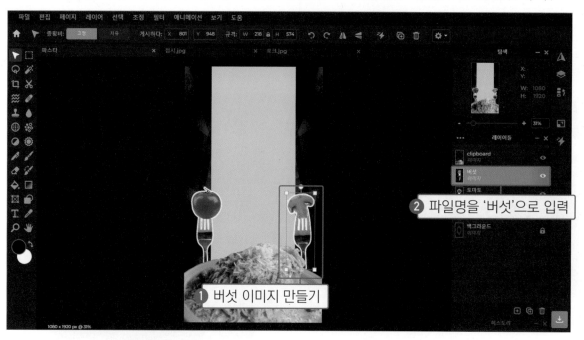

Step 03 도형에 스타일과 필터 효과주기

01 도구 패널에서 [도형(🔓)] 도구를 선택하고, 도구 옵션에서 **칠하기를 '주황색(#FC5A02)',** [커스텀(⭐)]을 설정한 후 [도형]이 나타나면 클릭합니다. 도형 창 아래 ▩▩▩를 드래그하여 확장한 후 **❻과 같은 도형을 선택**하고 캔버스의 빈 곳을 클릭하여 도형 창을 닫습니다.

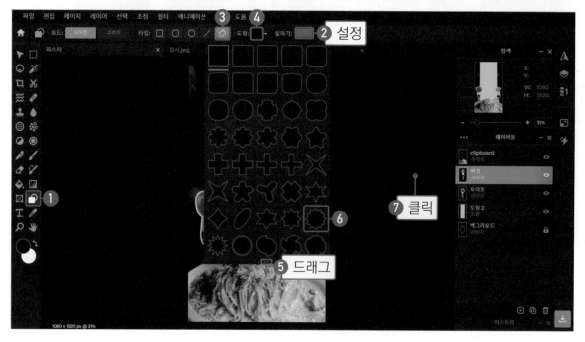

02 [Shift] 키를 누른 채 드래그하여 정비율의 도형을 생성합니다. 레이어들 패널에 생성된 '도형 3' 레이어를 맨 위로 드래그합니다. 도구 옵션에서 [스타일]을 클릭한 후 [아웃라인]을 클릭하고, 색상은 '흰색', 규격은 '15'로 설정합니다. [그림자]는 클릭하여 활성화하고 [Enter] 키를 누릅니다.

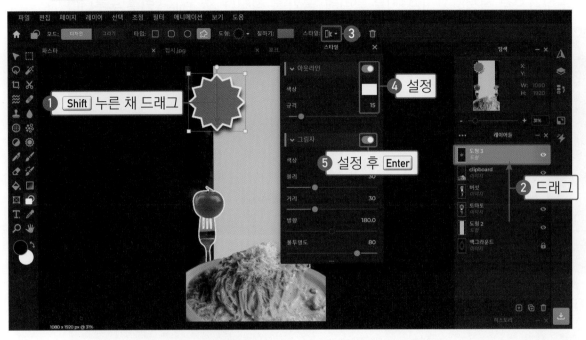

03 도구 패널에서 [텍스트(T)] 도구를 선택하고, 도구 옵션에서 [텍스트 추가]를 클릭합니다. 입력란에 '20% OFF'라고 입력하고 배치합니다. 도구 옵션에서 [포맷]을 클릭한 후 [굵기]를 설정하고 [Enter] 키를 눌러 창을 닫습니다.

01 도구 옵션에서 [새롭게 추가(➕)] 버튼을 클릭한 후 'Delicious'를 입력하고 배치합니다. 규격을 '150'으로 설정하고, [포맷]을 클릭해 '굵기'를 설정한 후 Enter 키를 누릅니다.

02 도구 옵션에서 [새롭게 추가(➕)]를 클릭한 후 'Black'을 입력하고 배치합니다. 규격을 '120'으로 설정하고, [포맷]을 클릭해 '기울기'를 설정한 후 Enter 키를 누릅니다.

03 도구 옵션에서 [새롭게 추가(⊕)]를 클릭한 후 'Friday'를 입력하고 배치합니다. 규격을 '180'으로 설정하고, [포맷]을 클릭해 글자 간격을 '15'로 설정합니다. [스타일]을 클릭한 후 [커브]를 클릭하여 활성화하고 [아치], 값은 '100'으로 설정한 다음 Enter 키를 눌러 창을 닫습니다.

04 도구 옵션에서 [새롭게 추가(⊕)]를 클릭한 후 '시크릿 레시피 숙성된 소스의 깊은 맛'을 입력하고 배치합니다. 규격을 '50'으로 설정합니다.

05 도구 옵션에서 [새롭게 추가(➕)]를 클릭한 후 'PASTA & SALADS'를 입력하고 배치합니다. 칠하기를 '빨강(#FC020A)', 규격을 '100', [포맷]을 클릭해 글자 간격을 '20'으로 설정합니다. [스타일]을 클릭한 후 [커브]를 클릭하여 활성화하고 [아치], 값은 '100'으로 설정합니다. 스타일 창 아래 ●●●를 드래그하여 확장한 후 [아웃라인]을 클릭하여 활성화하고 색상은 '흰색', 규격은 '100'으로 설정하고 Enter 키를 눌러 창을 닫습니다.

Step 05 　텍스트와 도형에 필터 효과주기

01 텍스트 레이어에 필터를 적용하기 위해 메뉴에서 [레이어]–[텍스트/요소 레스터화]를 선택해 픽셀 속성의 이미지로 변경합니다.

02 메뉴에서 [필터]-[글리치]-[테두리 효과]를 선택합니다. [테두리 효과] 대화상자가 나타나면 **값을 '12'로 설정**하고 [적용] 버튼을 클릭합니다.

03 '도형 3' 레이어를 선택한 후 메뉴에서 [레이어]-[텍스트/요소 레스터화]를 선택하여 도형 레이어를 픽셀 이미지 속성으로 변경합니다.

04 메뉴에서 **[필터]–[경사]**를 **선택**합니다.

05 **[경사]** 대화상자가 나타나면 **규격을 '8px'로 설정**하고 **[적용]** 버튼을 클릭합니다.

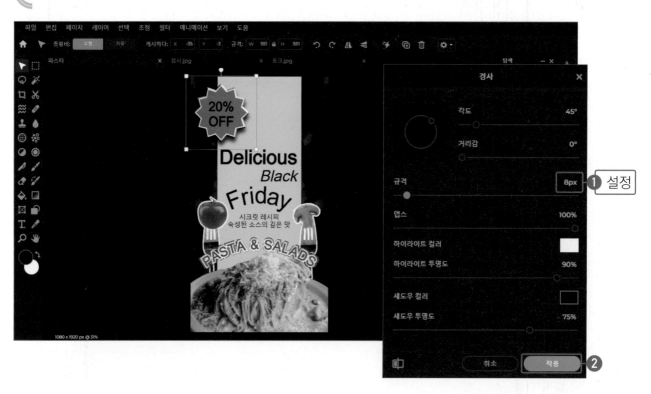

01 메뉴에서 **[파일]–[요소 탐색]**을 선택합니다. [요소 추가] 대화상자가 나타나면 [도형]–[MEMPHIS]를 선택하고 ❼과 같이 3개의 요소를 선택한 후 **[닫기]** 버튼을 클릭합니다.

02 레이어들 패널에서 **3개의 요소를 드래그**하여 **순서를 맨 위로 이동**합니다. 도구 패널에서 **[순서(▶)] 도구를 선택**하고 요소의 크기를 줄인 후 회전하여 ❸, ❹와 같이 배치합니다.

03 레이어들 패널의 **물결 모양의 요소가 선택**된 상태에서 필터를 적용하기 위해 메뉴에서 **[레이어]–[텍스트/요소 레스터화]**를 클릭합니다.

04 메뉴에서 **[필터]–[드롭 섀도]**를 **선택**한 후 [드롭 섀도] 대화상자가 나타나면 기본값으로 하고 **[적용]** 버튼을 클릭합니다.

05 **[저장]** 버튼을 클릭하여 [이미지 저장] 대화상자가 나타나면 **파일 이름은 '파스타–완성'**, **파일 형식은 '*.pxz' 파일로 저장**합니다.

준비파일 아이스.jpg, 아이스바.jpg

1 '아이스.jpg' 파일을 불러온 후 모자이크 필터를 적용해 봅니다.

2 도구 패널에서 [도형(🖼)] 도구를 선택한 후 [커스텀(⭐)]의 도형을 이용하여 첫 번째 이미지처럼 '민트색(#589293)'으로 변경해 봅니다. 도형 레이어를 복사한 후 칠하기에서 패턴을 적용해 두 번째 이미지처럼 만들어 봅니다.

도구 패널에서 [도형(🖼)] 도구를 선택하고, 도구 옵션에서 [디자인], [칠하기]를 '민트색(#589293)', [커스텀]을 설정한 후 [도형]이 나타나면 그림과 같은 도형을 선택합니다.

3 '아이스바.jpg' 파일을 불러온 후 두 번째 그림과 같이 이미지를 배치하고 '획'을 줍니다.

힌트! 메뉴에서 [편집]–[획]을 선택하고 규격은 '20'으로 설정합니다.

4 도구 패널에서 [텍스트(T)] 도구를 선택하고 '민트 초코'를 입력합니다. 포맷에서 '굵기'를 설정한 후 스타일에서 [아웃라인], [그림자]를 설정해 첫 번째 이미지처럼 만들어 봅니다. 이어 두 번째 이미지처럼 '아이스바.jpg' 파일에 있는 이미지들을 가져와 붙여넣기 하고 배치해 봅니다.

힌트! 제시된 이미지에 사용된 색상은 '민트색(#589293)', '초코색(#60341B)'입니다.

09

비현실적 이미지 만들기

학습 포인트
- 레이어 이해하기
- 레이어들 패널 사용하기
- 블랜드 모드와 불투명도 사용하기

레이어가 무엇인지 알아보고, 레이어들 패널과 [레이어] 메뉴를 살펴보겠습니다. 블랜드 모드와 불투명도 등 레이어 관련 기능을 이용하여 현실 세상에서는 이루어질 것 같지 않은 비현실적인 이미지를 만들어 보겠습니다.

⊚ 준비파일 : 성운.jpg, 빙산.jpg, 수영.jpg, 발레리나.jpg, 불꽃.jpg, 요가.png
⊚ 완성파일 : 성운-완성.pxz

Step 01 　레이어란?

레이어(Layer)는 투명 필름이라고 할 수 있습니다. 각기 다른 이미지를 얹힌 여러 장의 레이어를 겹쳐서 마치 한 장의 이미지처럼 보이게 합니다. 이미지가 레이어로 분리되어 있으면 수정과 이동이 자유롭다는 장점이 있고 레이어에 투명도나 블랜드 모드를 적용하여 특별한 합성 이미지를 만들 수 있습니다.

Step 02 　레이어들 패널 살펴보기

① [설정(●●●)] : 클릭하여 파일명, 블랜드 모드, 불투명도 등을 설정할 수 있습니다.

② [보이기(👁)] : 클릭하면 감추기와 보이기가 토글됩니다.

③ [잠금(🔒)] : 클릭하면 이미지의 잠금을 해제하여 순서를 변경할 수 있고, 다시 클릭하면 감추기가 적용됩니다.

④ [레이어 추가(➕)] : 마우스 포인터를 [레이어 추가➕] 버튼으로 이동하면 레이어 타입을 비움, 이미지, 프레임, 텍스트, 도형 중에서 선택하여 생성할 수 있습니다.

⑤ [복제하기(▣)] / [삭제하기(🗑)] : 선택한 레이어를 복제하거나 삭제합니다.

Step 03 　[레이어 설정] 대화상자

① 파일명 : 레이어의 파일명을 설정합니다.

② 블랜드 모드 : 18개의 블랜드 모드 중 하나를 설정할 수 있습니다.

③ 불투명도 : 레이어의 불투명도를 지정할 수 있습니다.

④ 잠금 해제 / 잠금 : 레이어 잠금을 해제하거나 잠금하여 이동하지 못하도록 설정할 수 있습니다.

⑤ 보이기 / 감추기 : 레이어를 보이게 하거나 감추기를 설정할 수 있습니다.

⑥ 아래 레이어 병합 / 보이는 레이어 병합 / 배경으로 이미지 병합 : 레이어를 병합합니다.

① 레이어를 생성, 복제, 삭제하는 메뉴입니다.

② 텍스트/요소 레스터화 : 텍스트, 요소의 속성을 버리고 픽셀 방식의 일반 레이어로 변경됩니다.

③ 레이어를 병합하는 메뉴입니다.

④ 레이어의 순서를 변경합니다.

⑤ 마스크 기능을 모아 놓은 메뉴입니다.

- AI 자동 마스크 : 메인 이미지를 자동으로 마스크로 만들어 줍니다.

- 마스크 추가 : 전체 마스크 되어 이미지가 사라집니다.

- 마스크 적용 : 마스크의 속성이 제거됩니다.

- 마스크 제거 : 마스크가 제거되어 이미지가 나타납니다.

레이어	선택	조정	필터	애
새로운 레이어				
레이어 복제			Ctrl + D	
이미지를 레이어로 추가..				
요소를 레이어로 추가..				
URL을 레이어로 추가..				
레이어 삭제			DEL	
텍스트 / 요소 레스터화				
아래 레이어와 병합			Ctrl + 6	
보이는 레이어 병합			Ctrl + 7	
배경으로 이미지 병합			Ctrl + 8	
앞으로 / 위로 이동			Ctrl + 4	
뒤로 / 아래로 이동			Ctrl + 5	
AI 자동 마스크				
마스크 추가				
마스크 적용				
마스크 제거				
더 많은 마스크			▶	

▲ AI 자동 마스크

▲ 마스크 추가

▲ 마스크 적용

▲ 마스크 제거

⑥ 더 많은 마스크 : 마스크의 세부 명령을 설정할 수 있습니다.

- 마스크 반전 : 마스크 이미지를 반대로 보이게 합니다.

- 마스크 레이어로 추출 : 마스크 이미지를 추출하여 레이어 이미지로 복제합니다.

- 마스크 선택 요소로 전환 : 마스크를 선택 영역으로 만듭니다.

▲ 마스크 반전

▲ 마스크 레이어로 추출

▲ 마스크 선택 요소로 전환

····
Step 01   우주 배경 만들기

01 '성운.jpg' 파일을 불러옵니다. 레이어들 패널의 [레이어 추가(■)] 버튼으로 이동하여 [■ 이미지]를 선택한 후 '빙산.jpg' 파일을 불러옵니다.

02 도구 패널에서 [오리기/마스크(✂)] 도구를 선택하고, 도구 옵션에서 [라쏘 올가미로 마스크 그리기(◯)], [오리기에서 제외하기(■)] 설정한 후 ❹처럼 하늘을 드래그합니다. 선택한 이미지가 마스크 되어 가려지면서 아래 이미지가 보입니다.

01 레이어들 패널의 [레이어 추가(➕)]로 이동하여 [🖼 이미지]를 선택한 후 '수영.jpg' 파일을 불러온 후 도구 패널에서 [오리기/마스크(✂)] 도구를 선택하고 ❸처럼 드래그합니다.

02 도구 패널에서 [순서(▶)] 도구를 선택한 후 사각박스가 나타나면 ❷처럼 축소한 후 배치합니다.

03 도구 패널에서 [오리기/마스크(✂)] 도구를 선택하고, 도구 옵션에서 [마스크 그리기(🖌)], [오리기에서 제외하기(🔲)], 브러시는 '40', 불투명도는 '40%'로 설정합니다. 수영 이미지의 **윤곽을 드래그**하여 자연스럽게 나타나도록 합니다.

Step 03   발레리나 이미지 합성하기

01 레이어들 패널의 [레이어 추가(➕)]로 이동하여 '발레리나.jpg' 파일을 불러옵니다. 도구 패널에서 [오리기/마스크(✂)] 도구를 선택하고, 도구 옵션에서 [마술봉으로 마스크 그리기(🪄)], [오리기에서 제외하기(🔲)]를 설정한 후 **이미지의 배경을 클릭**하며 배경을 지웁니다(도구 옵션에서 [AI 자동] 마스크를 사용해도 됩니다).

02 도구 패널에서 [순서(▶)] 도구를 선택하고, 도구 옵션에서 [좌우 반전(◭)]을 설정한 후 사각박스를 이용하여 ❸처럼 축소하고 배치합니다.

03 레이어들 패널에서 '빙산.jpg' 레이어를 선택하여 활성화합니다. 도구 패널에서 [기본 선택(▢)] 도구를 선택하고 ❸처럼 드래그하여 선택합니다.

04 메뉴에서 [필터]–[상세 정보]–[줌 흐림 효과]를 선택합니다. [줌 흐림 효과] 대화상자가 나타나면 **값을 '50%', X를 '80%', Y를 '100%'로 설정**하고 [적용] 버튼을 클릭합니다. Ctrl + D 키를 눌러 선택을 해제합니다.

05 레이어들 패널의 '발레리나.jpg' 레이어를 선택한 후 도구 패널에서 [오리기/마스크(✂)] 도구를 선택합니다. 도구 옵션에서 [마스크 그리기(✏)], [오리기에서 제외하기(⬚)], 브러시는 '70', 불투명도는 '20%'로 설정한 후 **다리를 드래그**하여 자연스럽게 나타나도록 연하게 지웁니다.

06 레이어들 패널의 [레이어 추가(➕)]로 이동하여 '불꽃.jpg' 파일을 불러옵니다. 도구 패널에서 [순서(▶)] 도구를 선택한 후 사각박스를 이용하여 축소하고 배치합니다. 레이어들 패널에서 '불꽃.jpg' 레이어를 드래그하여 한 칸 아래로 내립니다.

07 레이어들 패널의 [설정(···)]을 클릭한 후 블랜드 모드를 '스크린'으로 설정하고 [닫기(✕)] 버튼을 클릭합니다.

01 레이어들 패널의 '**발레리나.jpg**' 레이어를 선택하여 활성화하고 [레이어 추가(⊕)]로 이동한 후 [🖼 이미지]를 선택하여 배경이 투명한 '**요가.png**' 파일을 불러옵니다.

4 '요가.png' 불러오기

3 🖼 이미지

2 이동

잠깐! 배경이 필요 없는 소스 파일은 배경을 제거하고 파일 형식을 *.png로 저장하면 사용할 때 편리합니다.

02 사각박스를 **드래그하여** 그림처럼 **크기를 축소하고 배치**합니다.

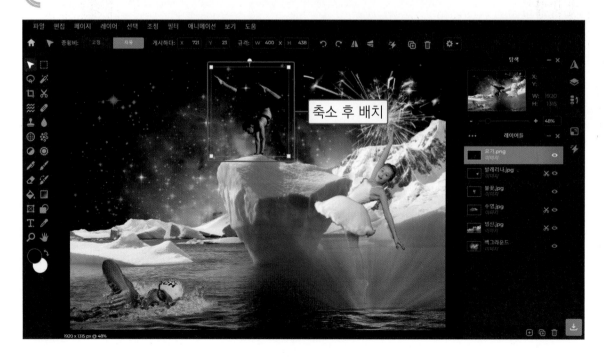

축소 후 배치

03 '요가.png' 레이어가 선택된 상태에서 레이어들 패널의 [복제하기(🅖)]를 클릭하여 '요가.png 복사' 레이어를 생성한 후 **왼쪽으로 드래그**하여 이동합니다.

04 사각박스를 **드래그**하여 그림처럼 **축소하고 회전합니다.**

05 메뉴에서 [필터]–[크리에이티브]–[웨이브]를 선택합니다. [웨이브] 대화상자가 나타나면
엠플리튜트를 '13'으로 설정하고 [적용] 버튼을 클릭하여 이미지를 왜곡합니다.

06 레이어들 패널의 [설정(••••)]을 클릭하여 불투명도를 '60'으로 설정한 후 [닫기(✖)] 버튼
을 클릭합니다.

07 03~04와 같은 방법으로 '요가.png 복사' 레이어를 하나 더 생성한 후 ❷처럼 축소하고 회전하여 배치합니다. 레이어들 패널의 [설정(•••)]을 클릭하여 불투명도를 '40'으로 설정한 후 [닫기(✕)]를 클릭합니다.

Step 05   배경에 회오리 효과주기

01 레이어들 패널의 **'백그라운드'** 레이어를 **선택**하여 **활성화**한 후 [복제하기(⬚)]를 클릭해 '백그라운드 복사' 레이어를 생성합니다.

02 메뉴에서 [필터]-[상세 정보]-[레디얼 블러]를 선택합니다. [레디얼 블러] 대화상자가 나타나면 **값을 '5', X를 '30%', Y를 '60%'로 설정**하고 [적용] 버튼을 클릭합니다.

03 레이어들 패널의 [설정(●●●)] 버튼을 클릭한 후 블랜드 모드를 **'스크린'으로 설정**하고 [닫기(✕)] 버튼을 클릭하여 완성합니다.

04 [저장] 버튼을 클릭하여 [이미지 저장] 대화상자가 나타나면 **파일 이름은 '성운-완성', 파일 형식은 '*.pxz' 파일로 저장**합니다.

준비파일 아이스.jpg, 백곰1.jpg, 백곰2.jpg, 불1.jpg, 불2.jpg, 펭귄.jpg

1 '아이스.jpg'와 '백곰1.jpg' 파일을 불러온 후 블랜드 모드를 이용하여 그림처럼 만들어 봅니다.

힌트! 레이어들 패널의 [설정(●●●)] 버튼을 클릭한 후 블랜드 모드를 '스크린'으로 설정합니다.

2 '백곰2.jpg'와 '불1.jpg' 파일을 불러와 다음 이미지처럼 배치하고 블랜드 모드를 이용해 다음처럼 만들어 봅니다.

힌트! '불1.jpg'에 블랜드 모드를 '스크린'으로 설정합니다.

3 메뉴의 [필터]-[상세 정보]-[줌 흐림 효과]를 적용하여 다음 이미지처럼 만들어 봅니다.

나티브 [줌 흐림 효과] 대화상자에서 값을 '20%', X를 '20%', Y를 '80%'로 설정합니다.

4 '펭귄.jpg'와 '불2.jpg' 파일을 불러온 후 다음 이미지처럼 배치하고 블랜드 모드와 필터 효과의 [줌 흐림 효과]를 적용해 봅니다.

나티브 '불2.jpg'에 블랜드 모드를 '스크린'으로 설정합니다. 메뉴에서 [필터]-[상세 정보]-[줌 흐림 효과]를 선택해 대화상자가 나타나면 값을 '20%', X를 '60%', Y를 '60%'로 설정합니다.

애니메이션 카드 만들기

학습 포인트

- 애니메이션 이해하기
- 애니메이션 패널 사용하기
- 애니메이션 효과 적용하기

픽슬러에서는 몇 번의 클릭만으로 생동감 있는 애니메이션 효과를 연출할 수 있습니다. 픽슬러에 처음 등장한 애니메이션 패널에 대해 알아보고 움직이는 크리스마스 카드를 만들어 보면서 기능을 익혀보겠습니다.

⊙ 준비파일 : 눈배경.jpg, 눈사람.png, 눈송이.png, 피켓.png

⊙ 완성파일 : 눈배경-완성.mp4

애니메이션이란?

애니메이션(Animation)이란 정적인 이미지에 생명을 불어넣어 마치 살아 움직이는 것처럼 촬영한 것을 의미합니다. 텍스트나 이미지로 표현하고자 하는 메시지를 애니메이션 기능을 이용하면 더욱 효과적으로 전달할 수 있습니다.

애니메이션 패널 살펴보기

애니메이션 패널은 전체 페이지에 적용되는 [페이지] 애니메이션 패널과 각 레이어에 적용되는 [레이어] 애니메이션 패널로 구분되어 있습니다.

① [페이지] 애니메이션 패널 : 애니메이션 패널을 불러오면 바로 [페이지] 애니메이션 패널이 나타납니다. 타임라인 구별은 없고 9개의 효과가 있으며 이 중 하나를 적용하면 전체 레이어에 일괄적으로 적용되어 순차적으로 나타납니다. 그러나 [레이어] 애니메이션 패널에서 이미 효과를 적용한 레이어에는 적용되지 않습니다.

▲ [페이지] 애니메이션 패널

② [레이어] 애니메이션 패널 : [애니메이션] 패널에서 [레이어]를 클릭하면 [레이어] 애니메이션 패널로 변경됩니다. 애니메이션을 적용할 레이어를 선택하고 순차적으로 [들어가기], [장면], [나가기]를 선택하여 애니메이션 효과를 적용할 수 있습니다. [들어가기] 메뉴는 올리브그린색, [장면]은 청록색, [나가기]는 핑크색으로 표시되어 사용자가 쉽게 구별할 수 있습니다.

애니메이션의 효과는 기본값으로 적용되며 세부적으로 스피드, 지연(지연 시간), 길이 고정(지속 시간) 등을 설정하여 적용할 수 있습니다.

▲ [레이어] 애니메이션 패널

Step 01 눈사람 애니메이션 만들기

01 '눈배경.jpg' 파일을 불러옵니다. 레이어들 패널의 [레이어 추가(➕)]로 이동하여 [🖼️ 이미지]를 선택한 후 '눈사람.png' 파일을 불러옵니다.

02 사각박스를 드래그하여 '눈사람.png' 레이어를 아래쪽으로 배치합니다.

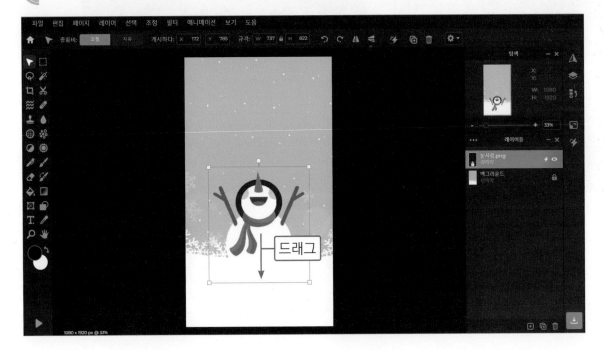

03 Quicklink 바에서 [애니메이션 패널(⚡)]을 선택한 후 [레이어]를 클릭합니다. [들어가기]를 선택한 상태에서 떠오르는 듯한 효과를 내기 위해 'Rise'를 설정합니다.

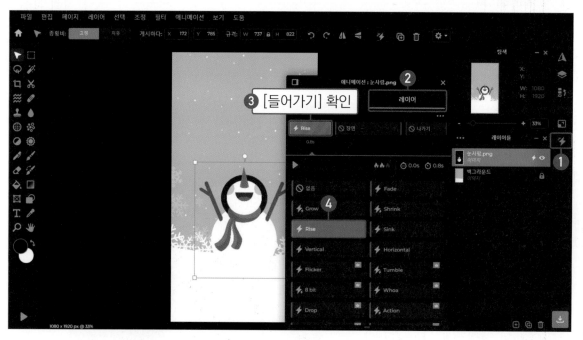

04 레이어들 패널의 [레이어 추가(⊞)]로 이동한 후 '피켓.png' 파일을 불러옵니다. 사각박스를 위쪽으로 드래그하여 그림처럼 배치합니다.

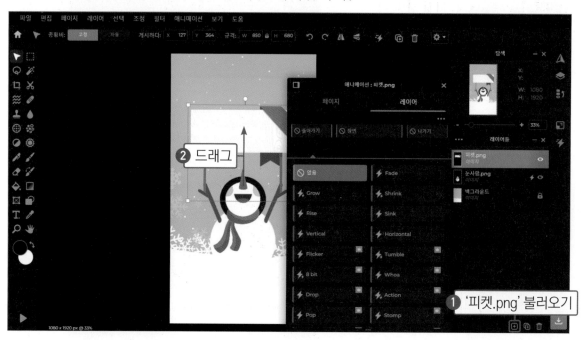

05 애니메이션 패널의 [들어가기]를 선택한 상태에서 아래로 가라앉는 효과를 주기 위해 'Sink'를 설정합니다. [지연(◎)] 아이콘을 클릭하여 '1.0s'로 설정합니다.

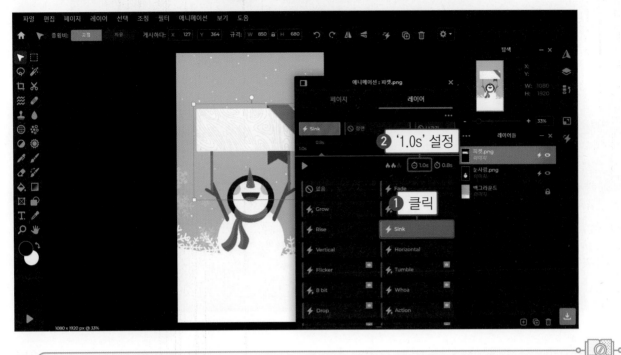

잠깐! 도구 패널 아래쪽에 [PLAY ANIMATION(▶)]을 클릭하면 설정한 애니메이션을 미리 보기할 수 있습니다.

Step 02   Merry Christmas 애니메이션 만들기

01 도구 패널에서 [텍스트(T)] 도구를 선택하고, 도구 옵션에서 [텍스트 추가]를 클릭합니다. '2023'이라고 입력한 후 폰트는 'Arial', 칠하기는 '흰색(#FFFFFF)', 규격은 '70'으로 설정합니다.

02 입력한 **텍스트**를 드래그하여 그림처럼 이동하고 **회전**한 후 배치합니다.

03 애니메이션 패널에서 [들어가기]를 선택한 상태에서 서서히 희미해지는 효과를 주기 위해 'Fade'를 설정한 후 [지연(⚙)] 아이콘을 클릭하여 '2.0s'로 설정합니다.

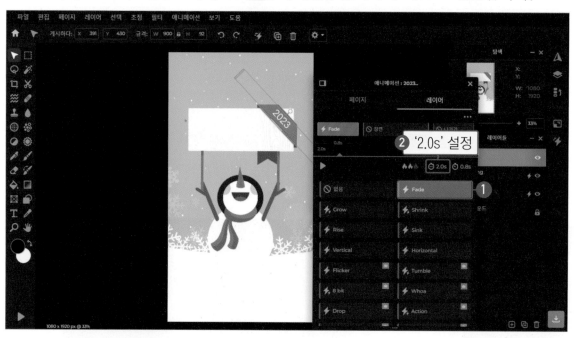

04 애니메이션 패널에서 **[나가기]를 선택**하고 'Fade' **효과를 설정합니다. [정상 스피드(****)]** 아이콘을 **두 번 클릭**하여 [느림 스피드(   )]로 **변경합니다. [지연(   )]을 '5.0s'로 설정합니다.**

스피드 아이콘을 변경하면 [길이 고정(   )]의 시간이 자동 적용됩니다.

05 도구 패널에서 **[텍스트(T)] 도구를 선택**하고, 도구 옵션에서 **[새롭게 추가(   )]를 클릭**하여 텍스트 레이어를 생성합니다. 'Merry Christmas'라고 **입력**하고 **배치**한 후 도구 옵션에서 **폰트는 'Arial', 칠하기는 '빨강(#FF0000)', 규격은 '80'으로 설정**합니다.

06 애니메이션 패널에서 **[들어가기]를 선택**한 후 'Grow' **효과를 설정**하고 **[지연(●)]을 '3.0s'**
로 **설정**합니다.

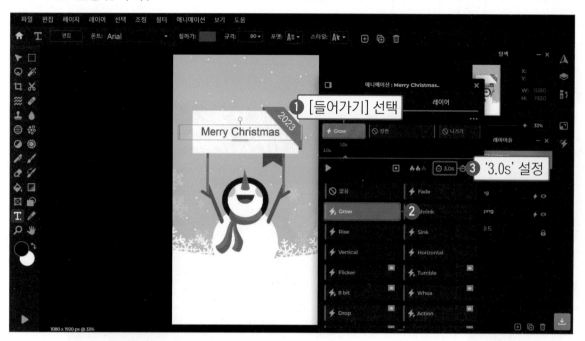

07 애니메이션 패널에서 **[장면]을 선택**하고 위아래로 회전하는 효과를 주기 위해 'Flip'을
설정합니다.

'Merry Christmas'는 [들어가기], [장면], [나가기]에서 모두 효과를 적용합니다.

08 애니메이션 패널에서 [나가기]를 선택하고 'Fade' 효과를 설정합니다. [정상 스피드(🔥🔥🔥)] 아이콘을 두 번 클릭하여 [느림 스피드(🔥🔥🔥)]로 변경합니다. [지연(⬤)]을 '3.0s'로 설정합니다.

Step 03 Happy New Year 애니메이션 만들기

01 레이어들 패널에서 '2023' 레이어를 선택하여 활성화하고 [복제하기(⊡)] 버튼을 클릭하여 복제합니다. 도구 옵션에서 [편집]을 설정하고 텍스트 박스의 '2023'을 '2024'로 변경하여 입력합니다.

02 애니메이션 패널의 **[들어가기]를 선택**한 후 **[정상 스피드( )]** 아이콘을 **두 번 클릭**하여 [느림 스피드( )]로 변경합니다. **[지연( )]을** '10.0s'로 **설정**합니다.

> 애니메이션 효과가 적용된 레이어를 복제하면 애니메이션 효과까지 복제됩니다.

03 복제해서 생성한 '2024' 레이어는 애니메이션 효과도 복제되어 있습니다. 효과를 해제하기 위해 **[나가기]를 선택**하고 **[없음]을 설정**합니다.

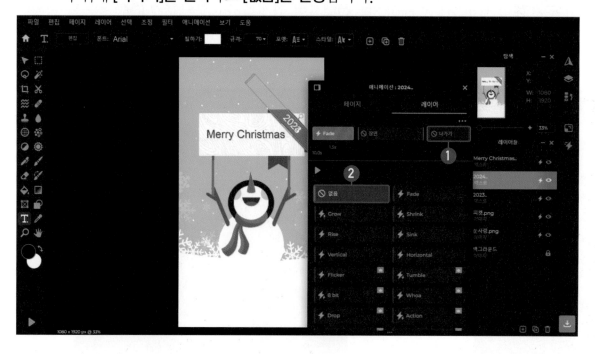

04 'Merry Christmas' 레이어를 클릭하여 활성화한 후 레이어들 패널의 **[복제하기(⟲)]**를 클릭합니다. 도구 옵션에서 **[편집]**을 선택한 후 텍스트를 'Happy New Year!'로 변경하여 입력합니다.

05 레이어를 복제했기 때문에 [들어가기]에 'Grow' 효과가 적용되어 있습니다. **[정상 스피드(🔥🔥🔥)]** 아이콘을 두 번 클릭하여 [느림 스피드(🔥🔥🔥)]로 변경한 후 **[지연(⊙)]**을 '10.0s'로 설정합니다.

06 'Flip' 효과가 적용된 [장면]을 선택하고 '없음'을 설정합니다. 마찬가지로 'Fade' 효과가 적용된 [나가기]를 선택하고 '없음'을 설정합니다.

잠깐! 'Happy New Year!'는 [들어가기]만 설정할 것이기 때문에 [장면]과 [나가기]는 '없음'으로 설정합니다.

Step 04 눈송이 애니메이션 만들기

01 레이어들 패널의 [레이어 추가(➕)]로 이동하여 [🖼 이미지]를 선택해 '눈송이.png' 파일을 불러온 후 그림처럼 배치합니다. [들어가기]의 효과는 'Sink'를 설정하고 [느림 스피드(🔥▲▲)]로 변경한 후 [지연(◉)]을 '5.0s'로 설정합니다.

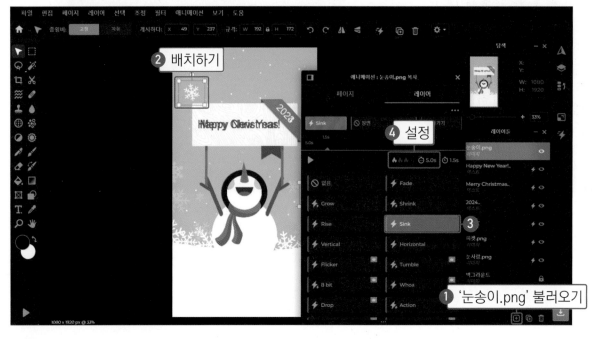

02 '눈송이.png' 레이어를 복제하여 '눈송이.png 복사' 레이어를 생성한 후 ❷처럼 배치합니다. [지연(◉)]을 '6.0s'로 설정합니다.

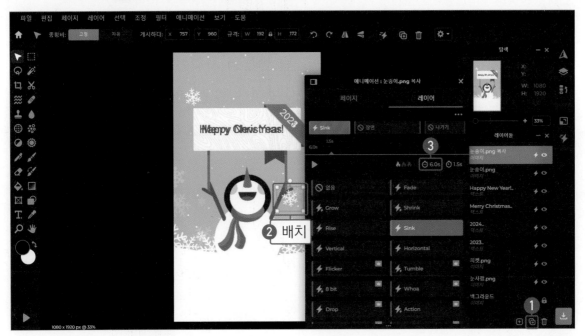

03 02와 같은 방법으로 **눈송이를 하나 더 만들어 배치**하고 [지연(◉)]을 '7.0s'로 설정하여 3개의 눈송이가 순차적으로 나타나게 합니다. [PLAY ANIMATION(▶)]을 클릭해 애니메이션을 확인해 봅니다.

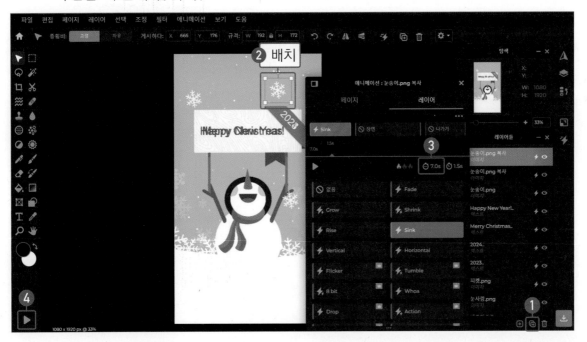

04 [저장] 버튼을 클릭하여 [이미지 저장] 대화상자가 나타나면 애니메이션 탭의 **프레임레이트를 '30'으로 설정**하고 [다른 이름으로 저장] 버튼을 클릭한 후 '눈배경-완성.mp4'로 저장합니다.

준비파일 바다배경.jpg, 음료.png, 야자나무.png, 태양.png

1 '바다배경.jpg' 이미지를 불러온 후 그림처럼 반투명 사각형을 생성해 봅니다. 반투명 사각형에 애니메이션 패널의 [들어가기]에서 'Shrink' 효과를 적용해 보고 1초 동안 실행되도록 합니다.

> **힌트!**
> • 도구 패널에서 [도형(■)] 도구를 선택하고 레이어들 패널의 불투명도를 50%로 설정합니다.
> • 애니메이션 패널의 [들어가기]에서 'Shrink' 효과를 설정하면 길이 고정의 기본값은 '1.0s'입니다.

2 '음료.png' 파일을 불러옵니다. [애니메이션] 패널의 [들어가기]에서 'Shrink'를 선택하고 1초 지연한 후 실행되도록 합니다. 같은 방법으로 '야자나무.png'도 실행하고 1.5초 지연한 후에 실행되도록 합니다.

> **힌트!**
> 애니메이션 패널의 [들어가기]에서 'Shrink', 지연을 '1.0s'로 설정합니다. 길이 고정은 기본값 '1.0s'로 설정되어 있습니다.

3 그림처럼 텍스트를 입력합니다. [애니메이션] 패널의 [들어가기]에서 'Vertical'을 설정하고 2.5초 지연 후에 1초 동안 실행되도록 합니다.

 • 도구 패널에서 [텍스트(T)] 도구를 선택하고, 도구 옵션에서 폰트는 'Georgia', 규격은 '120,' 포맷의 정렬은 '좌측정렬'로 설정합니다.
• 애니메이션 패널의 [들어가기]에서 'Vertical' 효과를 설정하고 [느림 스피드()]를 설정하면 1초 동안 실행됩니다.

4 '태양.png' 파일을 불러옵니다. 애니메이션 패널의 [들어가기]에서 'Pixelate' 효과를 설정하고 3.5초 지연한 후에 실행되도록 합니다.

 'Pixelate' 효과의 길이 고정 즉, 재생 시간의 기본값은 '1.5s'입니다.

New 픽슬러 E

초판 2쇄 발행	2024년 03월 05일
초 판 발 행	2023년 05월 04일
발 행 인	박영일
책 임 편 집	이해욱
저 자	장경숙
편 집 진 행	윤은숙
표 지 디 자 인	김도연
편 집 디 자 인	신해니
발 행 처	시대인
공 급 처	(주)시대고시기획
출 판 등 록	제 10-1521호
주 소	서울시 마포구 큰우물로 75 [도화동 538 성지 B/D] 6F
전 화	1600-3600
홈 페 이 지	www.sdedu.co.kr

I S B N	979-11-383-5127-0(13000)
정 가	12,000원

시대인은 종합교육그룹 (주)시대고시기획 · 시대교육의 단행본 브랜드입니다.